Gemüse-Glücksküche
Lebensfreude aus dem Kochtopf

Genussvolle Rezepte aus dem
Kneipp Traditionshaus Bad Mühllacken

ISBN 978-3-99025-156-0
© 2014 Freya Verlag KG
Alle Rechte vorbehalten
A-4020 Linz
www.freya.at

Layout: freya_art, Marlene Reischl, Daniela Waser
Lektorat: RED PEN
Fotos: Rudolf Laresser
© Fotolia: Marina Grau, EM Art, rdnzl, mmphotos, emer, Janine Fretz Weber, womue, Alois, abcmedia

Die Verfasser geben weder direkt noch indirekt medizinische Ratschläge, auch verordnen sie keine Diät ohne medizinische Beratung als Behandlungsform für Krankheiten. Ernährungsfachleute und Experten auf dem Gebiet der Gesundheit und Ernährung vertreten vielfach unterschiedliche Meinungen. Die Verfasser stellen keine Diagnosen und erteilen keine Verordnungen. Herausgeber, Verfasser und Verlag übernehmen dafür keine Verantwortung.

printed in EU

Gemüse-Glücksküche

Genussvolle Rezepte aus dem
Kneipp Traditionshaus Bad Mühllacken

Lebens-
freude
aus dem
Kochtopf

freya

INHALT

Juli

August

September

Oktober

November

Dezember

Lebensfreude aus dem Kochtopf

Genussvolle Rezepte aus dem Kneipp-Traditionshaus Bad Mühllacken

Gesunde Küche, hochwertige, saisonale, regionale und biologische Lebensmittel sind für uns wie für viele von Ihnen selbstverständlich.

Köstliche Speisen, die Lebensfreude wecken, eine Leichtigkeit in Ihr Sein zaubern und so richtig Lust aufs Leben machen, wollen wir Ihnen in unserem Kochbuch vorstellen.

„Lasst das Natürliche so natürlich wie möglich. Die Zubereitung der Speisen soll einfach und ungekünstelt sein",

so Sebastian Kneipp vor mehr als 150 Jahren.

Pfarrer Kneipp empfiehlt uns das Natürliche, das Einfache, das Echte in allen Lebensbereichen und ganz besonders in der Ernährung. Wie köstlich, heilsam und wohltuend ein bekömmliches, ungekünsteltes Essen ist, erfahren unsere Gäste täglich.

Es kommt nicht nur darauf an, was wir tun, sondern wie wir es tun. Achtsamkeit beim Kochen und Essen ist in unserem Kneipp-Traditionshaus der Marienschwestern in Bad Mühllacken ein hoher Wert. Die Wiederentdeckung der Langsamkeit, die Atmosphäre bei Tisch und die Kunst des Genießens mit allen Sinnen sind dabei wichtige Kriterien.

Die Geheimnisse der neuartigen Geschmackserlebnisse liegen im Besonderen in der fantastischen Kombination der saisonalen Lebensmittel von Garten, Wiese, Wald und Feld. Alte Gemüsesorten und Obstraritäten sowie die liebevolle Zubereitung der Speisen schenken neue Geschmackserfahrungen. Selbstverständlich wurde bei diesem Kochbuch auf eine basenausgleichende, entlastende Zusammenstellung der Lebensmittel geachtet.

Seit zehn Jahren sind wir der österreichweit bekannte Spezialist für Fasten, bewusste Ernährung und Gewichtsbalance. Unsere Gäste sammeln damit die allerbesten Erfahrungen. Sie erleben, wie schnell verträgliches und entschlackendes Essen das Wohlbefinden steigert. Wie genussvoll vegetarische Küche sein kann. Wie energiegeladen und fit man sich fühlt, wenn der Körper nicht ständig belastet, sondern entlastet wird. Wie bewusste Ernährung so manche Beschwerden lindert. Auch dürfen wir mit Freude das „Neuwerden" unserer Gäste durch diese genussvolle und heilsame Nahrung miterleben.

An diesen Erfahrungen möchten wir nun auch Sie teilhaben lassen, geschätzte Leserin, geschätzter Leser. Vielfach erprobte Gerichte und köstliche Speisen im Jahreskreis, komponiert von unseren ErnährungsexpertInnen, schenken Ihnen wertvolle Anregungen für die leichte, vegetarische Alltagsküche.

Neben dem hohen Stellenwert von Gesundheit und Vitalität haben wir darauf geachtet, dass der Genuss und die Vielfalt nicht zu kurz kommen. In diesem Sinne wünschen wir Ihnen viel Freude am Kochen, viel Freude am Essen und vor allem – viel Freude am Leben!

Elisabeth Rabeder
Betriebsleiterin

Sr. Johanna Aschauer
Oberin

„Der Koch ist der bessere Arzt"

Dieses geflügelte Wort aus dem frühen Mittelalter zeigt, welchen Stellenwert das Essen einnimmt, wenn es darum geht, die eigene Gesundheit zu stärken und zu erhalten. Gesundheit und Wohlbefinden – körperlich, geistig und seelisch – sind es schließlich auch, die der Lebensfreude den Weg ebnen.

In Bezug auf gesundheitsorientierte Ernährungsformen gehen die Expertenmeinungen teilweise erheblich auseinander, doch in einem Punkt sind sich alle einig: Essen muss gut tun. Doch wie sieht eine Ernährung aus, die „gut tut"?

Im Kneipp-Kurhaus Bad Mühllacken gehen wir davon aus, dass die Aufteilung der einzelnen Lebensmittelgruppen auf zwei Grundsätzen beruht: der Qualität des Essens und der individuellen Verträglichkeit.

Die Qualität umfasst viele unterschiedliche Aspekte. Besonders wichtig sind uns die biologische und regionale Herkunft der Lebensmittel sowie deren saisonale Verwendung. Qualitativ hochwertig heißt im Zusammenhang mit Nahrung auch immer, dass die ProduzentInnen gut von ihren Erzeugnissen leben können – egal, in welchem Teil der Erde sie beheimatet sind. Außerdem legen wir großen Wert auf Frische. Nur Produkte, die keine industrielle Verarbeitung durchlaufen haben, versorgen uns mit allen notwendigen Nährstoffen und sind darüber hinaus auch für den Gaumen noch eine wahre, unverfälschte Freude.

Die Erfahrung hat uns gezeigt, dass nicht für jede/n alles gleich gut ist. Die – nach ernährungswissenschaftlicher Auffassung – „gesunde Ernährung" macht vielen schwer zu schaffen. Unverträglichkeiten, Unwohlsein und körperliche Beschwerden stellen sich trotz (oder eben gerade wegen) des vermeintlich gesunden Essens ein.

Mit einem leicht bekömmlichen Speisenangebot, das die individuellen Konstitutionen und Bedürfnisse der Gäste in den Mittelpunkt rückt, stärken wir Körper und Geist. Die abwechslungsreichen, bunten, frisch und schonend zubereiteten Menüs werden so auch zu echter „Nahrung für die Seele".

Im Dschungel der vielen Meinungen rund um eine sinnvolle Ernährungsweise wird deutlich, dass eine pflanzlich orientierte Ernährung vorteilhaft ist. Vor allem Gemüse, Kartoffeln, Kräuter, Wildgemüse und Obst unterstützen mit ihrem üppigen Angebot an Vitalstoffen den Organismus optimal. Dieser Anforderung kommen wir mit unserem reichhaltigen Angebot an vegetarischen und auch veganen Speisen gerne nach. Lebensmittel vom Tier, speziell Fleisch und Fisch, setzen wir ganz bewusst als Genussmittel ein.

Nicht zuletzt spielt auch die Art und Weise, wie wir unsere Nahrung aufnehmen, eine bedeutende Rolle. Langsam, in Ruhe und Achtsamkeit gegessen, gut gekaut und mit der inneren Haltung der Dankbarkeit verstärkt sich der gesundheitliche Effekt all der Köstlichkeiten. Gerne möchten wir Sie dazu anregen, sich diese Art des Essens zur Gewohnheit zu machen.

Die große Vielfalt an frischen Produkten lässt sich in schier unendlichen Varianten auf die Teller zaubern. Wir laden Sie ein, uns durch den Jahresreigen zu begleiten, neue, Ihnen vielleicht unbekannte Gemüse- und Obstspezialitäten kennenzulernen und dabei viele der alltagstauglichen Rezepte, die wir in Bad Mühllacken kochen, daheim selber auszuprobieren. Wir freuen uns, wenn Sie die Rezepte nach Ihren Bedürfnissen abwandeln und an Ihren Geschmack anpassen. Denn erst dann wird Kochen zu einem sinnlichen und kreativen Erlebnis.

Dass Sie dabei Ihre Lebensfreude entdecken, erwecken und verstärken, wünschen wir Ihnen. Das Autorenteam.

Siegfried Wintgen
Gesundheitswissenschaftler

Karin Zausnig
Ernährungswissenschaftlerin

Martin Thaller
Küchenchef & Ernährungscoach

Jänner

Kochen ist Liebe

Das gemeinsame Essen in der Familie oder mit Freunden ist eine der schönsten Formen gelebter Gemeinschaft. Neben den Gaumenfreuden, die uns das Essen bietet, sind vor allem die Liebe und Hingabe, die in die Zubereitung des Essens fließen, Nahrung für die Seele.

Mit nachfolgendem Grundrezept wird das einfachste Gericht zum Festmahl:
100 g Liebe, 1 Prise Leidenschaft, 1 Esslöffel Zeit, 30 g Geschmacksknospen,
1 Becher geschärfte Sinne, 50 g Muße – gutes Gelingen!

Widme Dich der Liebe und dem Kochen mit ganzem Herzen

Dalai Lama

Arme Ritter
mit Hagebuttenmarmelade

ZUTATEN:

Hagebuttenmarmelade

100 g Hagebutten, getrocknet

200 ml Apfelsaft

Zimt, Sternanis, Nelken

80 g Rohrohrzucker

Arme Ritter

8 Scheiben Vollkorntoast

Für den Teig:

4 Eier

1 EL Rohrohrzucker

Zimt, Macis (Muskatblüte), Vanille, 1 Prise Salz

Butterschmalz zum Ausbacken

ZUBEREITUNG:

Hagebuttenmarmelade

Die Hagebutten mit den Gewürzen und dem Apfelsaft aufkochen und 40 Minuten köcheln lassen, gegebenenfalls etwas Saft nachgießen. | Die Gewürze entfernen, alles fein pürieren und durch ein Sieb streichen. | Noch einmal aufkochen und heiß in Gläser füllen.

Arme Ritter

Die Eier mit den gemahlenen Gewürzen, dem Salz und dem Zucker kräftig verquirlen. | Die Toastscheiben einlegen, bis sie alles aufgesogen haben. | Diese dann im Butterschmalz auf beiden Seiten goldgelb backen.

TIPP | Getrocknete Hagebutten bekommen Sie im Bioladen oder in der Apotheke. Frische Früchte sollten Sie im Spätherbst nach dem ersten Frost ernten, halbieren, entkernen und waschen, dann ebenso verarbeiten.

Dinkelschmarrn
mit Apfelmus

ZUTATEN:

Apfelmus
- 4 Äpfel, süße Sorte
- 4 Zimtstange, 4 Sternanis,
- 16 Gewürznelken

Dinkelschmarrn
- 10 g Butter, flüssig
- 3 Eidotter

- 100 g Dinkelvollkornmehl
- 5 EL Vollmilch
- ½ Vanillestange, ausgekratzt oder Vanille, gemahlen
- 3 Eiklar
- 1 Prise Steinsalz
- 1 EL Zucker, 1 EL Rosinen
- 1 EL Sonnenblumenkerne
- Butter zum Backen

ZUBEREITUNG:

Apfelmus
Die Äpfel waschen und das Kerngehäuse ausstechen. | Dann Zimtstange und Sternanis in die Mitte geben, mit Nelken spicken und im Ofen bei 160 Grad Celsius auf einem Blech mit Backpapier ca. 45 Minuten weich backen. | Gewürze entfernen und die Äpfel durch ein Sieb streichen.

Dinkelschmarrn
Die Dotter mit dem Mehl und der Vanille glattrühren. | Die Butter und Milch einrühren. | Die Eiklar steif schlagen und zum Schluss den Zucker einrieseln lassen. | Den Schnee unterheben, und die Masse in eine heiße Pfanne mit etwas zerlassener Butter gleiten lassen. | Auf dem Herd anbacken und dann im Rohr bei 220 Grad Celsius vier bis sechs Minuten backen. | Dann den Schmarrn wenden, zerpflücken und Rosinen und Sonnenblumenkerne unterheben. | Je nach Geschmack mit etwas Butter und Staubzucker karamellisieren und mit dem Mus anrichten.

 TIPP Anstelle des Dinkelmehls kann Weizenmehl verwendet werden, ein Teil kann auch durch Buchweizenmehl ersetzt werden. Süße Apfelsorten wären beispielsweise Gala, Idared oder Gravensteiner. Man kann auch etwas mehr Apfelmus auf Vorrat zubereiten, es hält sich ca. eine Woche im Kühlschrank.

Geschmorter Zuckerhut
mit Kräuterwedges

Zuckerhut

600 g Zuckerhut, in grobe Streifen geschnitten

2 EL Haselnussöl oder ein anderes nussig schmeckendes Öl

Salz, Koriander, gemahlen, Schwarzkümmel, gehackt

300 ml Gemüsebrühe

2 EL Honig

Kräuterwedges

VEGAN

600 g Erdäpfel, fest kochend, in Spalten geschnitten

Salz

Pfeffer, schwarz, frisch gemahlen

Thymian, gehackt

2 EL Olivenöl

Garnituranregung
Chili-Kräuter-Gewürzmischung

ZUBEREITUNG:

Zuckerhut

Die Zuckerhutstreifen im Haselnussöl anschwitzen und mit der Gemüsebrühe ca. zehn Minuten weich dünsten. | Dann den Schwarzkümmel und den Honig zugeben, abschmecken und anrichten.

Kräuterwedges

Die Erdäpfelspalten auf ein Backbleck mit Backpapier legen und mit Pfeffer und Salz würzen, mit Olivenöl beträufeln. | Mit Thymian bestreuen und im Ofen bei 160 Grad Celsius ca. 20 Minuten goldgelb backen. | Dann abschmecken bzw. nach Bedarf mit einer bunten Chili-Kräuter-Gewürzmischung bestreuen und mit dem Zuckerhut servieren.

TIPP Der leicht bittere Zuckerhut bietet neben den verdauungsförderlichen Bitterstoffen reichlich Mineralien und Vitamin C. Zuckerhut bekommt man in gut sortierten Gemüse- und Hofläden. Anstelle von Zuckerhut kann auch Chinakohl verwendet werden.

Haferschnitzel
mit Kürbisnudeln

ZUTATEN:

Haferschnitzel

- 240 g Haferflocken, Kleinblatt
- 2 Eier
- 40 g Parmesan, fein gerieben
- 1 EL Tahin (Sesampaste)
- ½ kleine Zucchini, fein geraspelt
- 1 Karotte, geschält, fein geraspelt
- Salz, Koriander, gemahlen, Knoblauch, gehackt
- 1 EL Schnittlauch, fein geschnitten
- 10 ml Olivenöl

Kürbisnudeln

- 400 g Muskatkürbis, geschält, entkernt
- 2 EL Haselnussöl oder ein anderes nussig schmeckendes Öl
- Salz, Macis (Muskatblüte), gemahlen
- 2 EL Kürbiskerne, geröstet

Garnituranregung
Zitronenscheibe mit Preiselbeeren

ZUBEREITUNG:

Haferschnitzel

Alle Zutaten gut vermengen und 30 Minuten ausquellen lassen. | In einer heißen Pfanne das Olivenöl erwärmen. | Dann je einen Esslöffel des Teiges hineinsetzen, etwas andrücken. | Haferschnitzel von beiden Seiten anbraten und im Rohr bei 160 Grad Celsius acht Minuten backen.

Kürbisnudeln

Den Kürbis in ein Zentimeter breite Scheiben bzw. Spalten schneiden und davon mit einem Sparschäler Bahnen herunterschälen. | Diese im Haselnussöl anschwitzen und mit etwas Gemüsebrühe bissfest dünsten. | Dann abschmecken, mit den Kürbiskernen vermischen und wie Bandnudeln anrichten. | Die Schnitzel dazulegen und servieren.

TIPP | Hafer wärmt, belebt und liefert hochwertige Fette, Eiweiß, gut verdauliche Kohlenhydrate sowie reichlich B-Vitamine und Eisen. Tahin bekommen Sie in jedem Bioladen oder Reformhaus. Anstelle des Kürbisses lassen sich auch Karotten oder andere feste Gemüse zu „Bandnudeln" verarbeiten.

Pikante Krautsuppe

Krautsuppe

½ Zwiebel, fein gewürfelt

4 Knoblauchzehen, fein gehackt

1 EL Rapsöl

300 g Weißkraut, in Streifen geschnitten

2 Karotten, geschält, in Streifen geschnitten

80 g Lauch, in Streifen geschnitten

200 g Erdäpfel, fest kochend, geschält, gewürfelt

800 ml Gemüsebrühe

Salz, Kümmel, gemahlen, Pfeffer, schwarz, frisch gemahlen

2 EL Schnittlauch, fein geschnitten

ZUBEREITUNG:

Krautsuppe

Die Zwiebeln hell anschwitzen, den Knoblauch sowie die Gemüsestreifen zugeben und alles kurz braten. | Mit der Brühe auffüllen. | Die Erdäpfel hinzufügen und ca. 15 Minuten köcheln, bis das Gemüse weich ist, dann kräftig abschmecken und mit Schnittlauch betreut servieren.

TIPP | Weißkraut liefert reichlich Kalium, Vitamin C sowie anregende Senfölglykoside. Je nach Verfügbarkeit und Monat können auch Spitzkohl, Wirsing oder andere Kohlsorten verwendet werden. Eine feine Gewürzvariante ist der Kreuzkümmel, Fenchelsamen verbessern ebenso wie Dill- oder Anissamen die Bekömmlichkeit.

Variationen von Chutneys

ZUTATEN:

Kurbis-Chutney

500 g Muskatkürbis, gewürfelt

100 ml Birnenessig

100 g Rohrohrzucker

Salz, Senfkörner, Macis (Muskatblüte), Korianderkörner, Chili, Zitronenschale und Saft von 1 Zitrone

30 g Pfefferminzblätter, gehackt

ZUBEREITUNG:

Den Kürbis mit den restlichen Zutaten in einem Topf 20 Minuten köcheln lassen, dann in sterile Gläser füllen und verschießen.

ZUTATEN:

Marillen-Chutney

500 g Marillen, gewürfelt

5–6 Knoblauchzehen, gehackt

2 Zwiebeln, fein gewürfelt

100 ml Apfel-Quitten-Essig

100 g Rohrohrzucker

Salz, Senfkörner, Macis, Zimt, Cayennepfeffer

30 g Ingwer, fein gewürfelt

ZUBEREITUNG:

Alle Zutaten in einem Topf ca. 25 Minuten köcheln lassen und heiß in Gläser füllen.

ZUTATEN:

Birnen-Chutney

500 g Birnen, fest, gewürfelt

1 Zwiebel, fein gewürfelt

300 g Rosinen

200 ml Balsamico weiß

300 g Rohrohrzucker

Salz, Chili, Kardamom, gemörsert, Piment, gemahlen

ZUBEREITUNG:

Alle Zutaten in einem Topf ca. 30 Minuten köcheln lassen und heiß in Gläser füllen.

TIPP

Chutneys sind eine feine Begleitung zu Geflügel, Gemüse und Gebackenem. Sie können auch als Palatschinkenfüllung verwendet werden. | Bei den Essigsorten sollten Sie naturvergorene Ware bevorzugen. Apfelessig lässt sich alternativ immer verwenden. | Es können auch andere Kürbissorten verwendet werden.

Februar

Mit allen Sinnen im Augenblick aufmerksam da sein

Achtsam essen beginnt mit einem kurzen Innehalten, einem stillen Dank für die Nahrung. Im Schweigen fällt es leicht, Hunger und Sättigung wieder bewusst wahrzunehmen und auf die Signale des Körpers zu achten. Achtsames Kauen hilft, die Speisen für die Verdauung ideal vorzubereiten. Eine entspannte Atmosphäre bei schön gedecktem Tisch ist ein Fest für alle Sinne.

> *Achtsames Essen verbindet uns mit der Nahrung, die uns von der Natur, den Lebewesen und der Schöpfung geschenkt wird, und drückt unsere Dankbarkeit dafür aus.*
>
> Thich Nhat Hanh

Dinkelbrioche
mit Mispelaufstrich

ZUTATEN:

Dinkelbrioche

- 500 g Dinkelvollkornmehl
- 250 ml Milch
- 1 Würfel Germ (42 g)
- 4 EL Butter, flüssig
- 4 Eidotter
- Steinsalz, etwas Zucker

Mispelaufstrich

- 500 g Mispeln, geviertelt, Strunk entfernt
- 200 g Gelierzucker 1:1
- 1 Zitrone (Saft, Schale)

ZUBEREITUNG:

Dinkelbrioche

Germ mit Zucker in der lauwarmen Milch auflösen, das Mehl in eine Schüssel geben. | In die Mitte eine Mulde drücken, die Milch-Germ-Mischung und etwas Zucker zugeben und mit einem Teil des Mehles vorsichtig vermengen. | Dann abgedeckt 40 Minuten warm gehen lassen. | Nun die Dotter und Salz zugeben, gut verkneten, in eine gefettete Form geben und noch mal ca. 20 Min. warm gehen lassen. | Dann bei 180 Grad Celsius im vorgeheizten Rohr ca. 50 Minuten backen.

Mispelaufstrich

Die Mispeln mit etwas Wasser weich kochen, durch ein Sieb streichen und mit dem Gelierzucker und der Zitrone noch einmal ca. sechs Minuten köcheln lassen. | Heiß in Gläser füllen und verschließen.

 TIPP | Die Früchte müssen vor dem Ernten unbedingt Frost bekommen, sonst sind sie kaum aromatisch und süß. Mispeln bekommt man zum Teil auch auf Bauernmärkten.

Gratin von Erdapfel
und Haferwurzel

ZUTATEN:

Gratin

400 g Erdäpfel, fest kochend, geschält

400 g Haferwurzeln, geschält

3 Becher Obers à 200 ml

1 EL Butter

Salz, Macis (Muskatblüte), Knoblauch

Garnituranregung
Salate der Saison

ZUBEREITUNG:

Gratin

Die Erdäpfel und die Haferwurzeln in dünne Scheiben schneiden oder hobeln und in eine gebutterte Auflaufform schichten. | Nun das Obers mit Knoblauch und Macis aufkochen, abseihen, salzen und über die Gemüse geben. | Das Gratin im Ofen bei 140 Grad Celsius ca. 50 Minuten backen.

TIPP Anstelle von Haferwurzeln können auch Schwarzwurzeln, Kohlrabi oder andere feste Gemüsesorten verwendet werden. Die Haferwurzeln nach dem Schneiden rasch verarbeiten, damit sie nicht braun werden. Haferwurzeln waren ein in früheren Zeiten ein sehr häufig verwendetes Gemüse, welches nach und nach von der Schwarzwurzel verdrängt wurde. Gute Biogärtner bauen sie allerdings wieder vermehrt an.

Klare Petersiliensuppe
mit eigenen Schöberln

ZUTATEN:

Petersilienschöberl

- 1 EL Butter
- 20 g Dinkelvollkornmehl
- 100 ml Milch
- 2 Eidotter
- 2 Eiklar (Schnee)
- 2 EL Petersilie, fein gehackt
- Salz, Macis (Muskatblüte)

Petersiliensuppe

- 200 g Petersilienwurzeln, geschält, in Scheiben geschnitten
- 1 EL Rapsöl
- 800 ml Wasser
- Gemüsebrühen-Würzsalz (Rezept siehe Vogerlsalat S. 34)
- 2 EL Petersilie, fein gehackt

ZUBEREITUNG:

Petersilienschöberl

Die Butter zerlassen, das Mehl einsieben und unter Rühren in der Butter anschwitzen. | Dann die Milch zugeben, aufkochen und so lange rühren, bis sich die Masse vom Boden löst. | Die Dotter in die überkühlte Masse einarbeiten und den geschlagenen Schnee unterheben. | Die Masse dünn auf ein Backblech mit Backpapier streichen und bei 190 Grad Celsius im Ofen ca. 15 Minuten backen. | Teigplatte auf eine Arbeitsfläche stürzen, das Backpapier abziehen und die Schöberl in Rautenform schneiden.

Petersiliensuppe

Die Petersilienwurzel-Scheiben im Rapsöl anschwitzen, mit Wasser auffüllen, etwas Würzsalz zugeben und das Gemüse weich dünsten. | Dann mit Petersilie vollendet anrichten und die Schöberl als Einlage zugeben.

TIPP Die Schöberl können gut am Vortag zubereitet werden, sollten dann allerdings kühl gelagert werden. Für dieses Rezept kann man statt Petersilienwurzel auch Pastinake verwenden. Pastinaken erkennt man am tiefer gesetzten Wurzelansatz, Petersilienwurzeln haben ihren Wurzelansatz höher.

Curry von Kohlrübe
und weißen Bohnen

Curryansatz

- 1 Zwiebel, fein gewürfelt
- 2 Knoblauchzehen, fein gehackt
- 1 EL Rapsöl
- 200 g Kohlrüben (Kohlrabi), fein gewürfelt
- 2 Tassen Gemüsebrühe
- Salz, Currypulver, Apfelessig, Honig
- ev. Kumin (Kreuzkümmel) nach Geschmack

Curry

- 400 g Kohlrüben, in 2 cm große Würfel geschnitten
- 100 g weiße Bohnen, eingeweicht
- 1 EL Bohnenkraut
- 2 Karotten, gewürfelt
- 2 EL Petersilie, fein gehackt

VEGAN

Curryansatz

Die Zwiebeln im Rapsöl hell anschwitzen, dann den Knoblauch und die Kohlrübenwürfel zugeben. | Mit der Gemüsebrühe aufgießen. | Ca. 30 Minuten köcheln, bis das Gemüse sehr weich ist. | Sehr fein pürieren und mit Salz, Curry, Apfelessig und Honig pikant abschmecken.

Curry

Die Kohlrübenwürfel und die Karotten im Dampfgarer oder im Siebeinsatz bissfest dämpfen. | Die Bohnen im Einweichwasser mit dem Bohnenkraut weich kochen. | Nun Kürbis, Karotten und Bohnen mit der Sauce vermischen, aufkochen und noch einmal abschmecken. | Mit Petersilie vollendet anrichten und mit einem kräftigen Landbrot servieren.

 TIPP | Dieses Gericht kann mit jedem festeren Gemüse zubereitet werden. Kohlrüben findet man frisch oder als Lagerware in Bioläden oder auf dem Wochenmarkt.

Vogerlsalat mit Erdäpfeldressing

Gemüsebrühe-Würzsalz

je 1 Karotte, Pastinake,
Petersilienwurzel, Gelbe Rübe
1 kleine Sellerieknolle
Liebstöckel, Ysop, Sellerieblätter
die Haut von 3 Tomaten, wenn
vorhanden
50 g Salz
etwas Kurkuma nach Geschmack

Vogerlsalat

200 g Vogerlsalat
Erdäpfeldressing:
3 Erdäpfel, fest kochend, geschält,
fein gewürfelt
2 Karotten, fein gewürfelt
½ Zwiebel, fein gewürfelt
3 Knoblauchzehen, fein gehackt
4 EL Olivenöl
¼ l Gemüsebrühe
2 EL Balsamico weiß
1 EL Schnittlauch, fein geschnitten
Salz, Pfeffer, frisch gemahlen

VEGAN

Gemüsebrühe-Würzsalz

Das Gemüse fein raspeln und zusammen mit den Tomatenschalen im Ofen bei 60 Grad Celsius auf einem Backblech trocknen. | Die Kräuter separat trocknen oder getrocknet kaufen. | Nun alle Zutaten im Küchenmixer oder in einer kleinen Kaffeemühle fein vermahlen und in ein Schraubglas geben. | Trocken lagern.

Vogerlsalat

Den Vogerlsalat sorgfältig putzen und waschen. | Gut abtropfen lassen und auf den Tellern anrichten.

Erdäpfeldressing

Die Zwiebeln im Olivenöl anschwitzen, den Knoblauch, die Erdäpfel sowie die Karotten zugeben und mit der Brühe angießen. | Nun alles weich dünsten, mit Balsamico, Salz und Pfeffer abschmecken und zum Schluss den Schnittlauch zugeben. | Das Dressing über dem Salat verteilen und servieren.

TIPP | Beim Putzen des Vogerlsalates nur den unteren Teil der kleinen Wurzeln sowie unschöne Blätter entfernen. Gemüsebrühe entweder frisch ansetzen oder aber mit selber gemachtem Gemüsebrühe-Würzsalz herstellen.

Winterliche Gemüsenudeln
mit Kräuteröl

ZUTATEN:

Gemüsenudeln

200 g Dinkelspaghetti

je 1 kleine Karotte, Pastinake, Zucchini

2 EL Olivenöl

Gemüsebrühe-Würzsalz (Rezept siehe Vogerlsalat S. 34)

Kräuteröl

4 EL Olivenöl

4 EL Petersilie, fein gehackt

Steinsalz

Garnituranregung
Sonnenblumenkerne, Kürbiskerne, Nüsse

ZUBEREITUNG:

Gemüsenudeln

Die Spaghetti in leicht gesalzenem Wasser (ein Teil Nudeln auf zehn Teile Wasser) bissfest kochen, dann abseihen und mit heißem Wasser abschrecken. | Die Gemüse mit einem Spirelli-Schneider in lange Streifen schneiden und mit etwas Olivenöl anschwitzen. | Mit ein wenig Gemüsebrühe-Würzsalz und etwas Wasser in einer Pfanne kurz dünsten. | Die gekochten Nudeln zugeben, durchschwenken, abschmecken und auf den Tellern anrichten.

Kräuteröl

Öl und Petersilie im Mixer homogen aufmixen und abschmecken. | Über die Gemüsenudeln träufeln, nach Wunsch mit Kernen und Nüssen garnieren und sofort genießen.

TIPP | Einen Spirelli-Schneider bekommen Sie im gut sortierten Fachhandel. Sie können ihn für alle saisonal verfügbaren, festeren Gemüse nutzen. | Sie haben im Sommer reichlich Petersilie im Garten? Bereiten Sie doch gleich eine größere Menge des Kräuteröls zu! Im sauberen Schraubglas, gut verschlossen und kühl gelagert, hält es einige Monate.

März

Fasten – wie eine Neugeburt mitten im Leben

Die Sehnsucht nach einer Auszeit von den Strapazen des Alltags – sie führt zum Fasten. Der Wunsch, mit sich ins Reine zu kommen, schlechte Gewohnheiten zu brechen, Verzicht zu üben. Fasten als genussvoller Weg, sich aus dem Wahnsinn des allgegenwärtigen Konsums zu befreien. Oder gar als Zäsur, um das Leben fortan bewusster zu gestalten.

> Jeder kann zaubern,
> jeder kann seine Ziele erreichen,
> wenn er denken kann,
> wenn er warten kann,
> wenn er fasten kann.
>
> *Hermann Hesse*

Bärlauchmousse
mit geschmorten Zwiebeln

ZUTATEN:

Bärlauchmousse

- 1 Handvoll Bärlauch, fein geschnitten
- 250 g Magertopfen
- 1 Blatt Gelatine, eingeweicht
- ½ Becher Obers, geschlagen
- Steinsalz, Cayennepfeffer, Zitrone

Zwiebeln

- 360 g kleine Zwiebeln
  oder frische Perlzwiebeln, geschält
- 2 EL Olivenöl
- 1 Tasse Gemüsebrühe
- Salz, etwas Honig

Garnituranregung
Erbsenspargel, Veilchenblüten

ZUBEREITUNG:

Bärlauchmousse

Den Topfen glattrühren und den Bärlauch zugeben. | Die eingeweichte Gelatine auflösen, ein wenig Topfen zugeben, verrühren und dann in den Bärlauchtopfen mischen. | Nun kräftig abschmecken, das geschlagene Obers unterheben und die Masse zwei Stunden kaltstellen.

Zwiebeln

Die Zwiebeln anschwitzen mit der Brühe und abgedeckt weich schmoren. | Zum Schluss sollte die Flüssigkeit einreduziert sein und sich wie ein Film um die Zwiebelchen legen. | Zuletzt etwas Honig zugeben, durchschwenken und abschmecken. | Dann mit einem Löffel die Nocken vom Mousse abstechen, mit den Zwiebelchen anrichten und garniert servieren.

 TIPP | Perlzwiebeln bekommt man auch im Gärtnereifachgeschäft. Um schöne Nocken formen zu können, den Löffel zum Abstechen in heißes Wasser tauchen. Bärlauch liefert reichlich Vitamin C, Kalium, Alliine, Allicin und andere Pflanzenstoffe, die den Stoffwechsel anregen und Arteriosklerose vorbeugen.

Eintopf von Bohnen
und Erdäpfeln

ZUTATEN:

Eintopf

VEGAN

je 30 g Wachtelbohnen, rote Bohnen,
weiße Bohnen, Käferbohnen

320 g Erdäpfel, geschnitten

2 l Gemüsebrühe

Bohnenkraut, Thymian, Salz, Pfeffer
aus der Mühle, Piment, gemahlen,
Balsamico weiß

ZUBEREITUNG:

Eintopf

Die Bohnen separat über Nacht in kaltem Wasser einweichen – das Wasser sollte dabei von den Bohnen vollständig aufgesaugt werden. | Dann die Bohnen mit der Gemüsebrühe aufsetzen (die großen ca. 30 Minuten eher), aufkochen, abschäumen und zugedeckt weiterkochen. | Eine halbe Stunde vor Ende der Garzeit Erdäpfel, Bohnenkraut und Thymian zugeben und fertig kochen. | Zum Schluss kräftig abschmecken.

TIPP Man kann die Bohnen je nach Verfügbarkeit austauschen. Hülsenfrüchte IMMER weich kochen. Salz und Säure erst gegen Ende der Garzeit zugeben, damit die Hülsenfrüchte weich werden. Bohnenkraut, Anis, Fenchelsamen, Kümmel, Kreuzkümmel, Thymian – all diese Gewürze dienen der besseren Bekömmlichkeit. Dieses Rezept lässt sich mit allen festen Gemüsesorten zubereiten, eine gute Möglichkeit, Gemüsereste zu verarbeiten.

Gefüllte Zwiebeln
mit rotem Reis und Brunnenkresseschaum

ZUTATEN:

Zwiebeln

| 4 weiße Zwiebeln
| 300 ml Gemüsebrühe
| Steinsalz, Knoblauch, Pfeffer aus der Mühle, Lorbeer

Reisfüllung

| 4 EL Zwiebeln, fein gewürfelt (das Ausgehölte der Zwiebeln verwenden)
| 2 Knoblauchzehen, fein gehackt
| 2 EL Olivenöl
| 60 g roter Reis
| 1 Tasse Gemüsebrühe
| Salz, Thymian, gehackt

Brunnenkresseschaum

| 2 EL Zwiebeln, fein gehackt
| 2 EL Olivenöl
| 1 Schuss Weißwein
| 1 Tasse Gemüsebrühe
| etwas Kartoffelstärke
| 1 Bund Brunnenkresse
| Salz, Macis (Muskatblüte)
| ½ Tasse Obers

Garnitur
gebratener Knoblauch

ZUBEREITUNG:

Zwiebeln

Die Zwiebeln schälen, aushöhlen, bis etwa fünf Millimeter Rand bleiben, und vier Minuten in kochendem Wasser überbrühen. | Die Zwiebeln abseihen und innen gut trocknen.

Reisfüllung

Die Zwiebelwürfel im Olivenöl anschwitzen, Knoblauch und den roten Reis zugeben, mit der Gemüsebrühe aufgießen. | Den Reis zusammen mit dem Thymian ca. 40 Minuten weich dünsten (bei Bedarf etwas Flüssigkeit nachgeben, nach Beendigung des Garens sollte der Reis die Flüssigkeit aufgesogen haben). | Die Fülle kräftig abschmecken und in die Zwiebeln füllen. | Diese dann in einer Auflaufform, zusammen mit der Brühe, ca. 20 Minuten im Ofen bei 180 Grad Celsius schmoren.

Brunnenkresseschaum

Die Zwiebeln in Olivenöl anschwitzen, mit Weißwein ablöschen und mit der Brühe auffüllen. | Um die Hälfte einkochen, dann mit ein wenig angerührter Stärke binden und im Mixer mit der Brunnenkresse frisch mixen. | Den Schaum durch ein Sieb streichen, abgeschmeckt mit der Zwiebel anrichten und garniert servieren.

TIPP Die Zwiebeln gehören zu den gesündesten Gemüsesorten. Sie halten die Arterien frei, senken den Cholesterinspiegel und regen die Verdauung an. | Anstelle des roten Reises kann auch ein anderer Langkornreis verwendet werden. Auch ein Risotto eignet sich gut als Füllung.

Geschmorter Chicorée
mit Knoblauchsauce

ZUTATEN:

Chicorée

| 4 Chicorée
| 2 EL Butter
| 2 Schalotten, fein gewürfelt
| ½ Tasse Weißwein
| ¼ l Gemüsebrühe
| 1 kleine Karotte, geschält, fein gewürfelt
| Salz, Koriander, gemahlen, Zitrone

Knoblauchsauce

| 2 EL Zwiebeln, fein gewürfelt
| 1 EL Olivenöl
| 1 Schuss Weißwein
| ½ Tasse Gemüsebrühe
| 1 Schuss Obers
| 30 g Knoblauchpaste

Garnituranregung
gebratener Knoblauch im Ganzen

ZUBEREITUNG:

Eintopf

Die Chicorée waschen, halbieren, mit der Schnittfläche nach unten in eine gefettete und mit Salz bestreute Form legen. | Weißwein, Gemüsebrühe und Karottenwürfel zugeben, würzen und zugedeckt im Ofen ca. 20 Minuten bei 180 Grad Celsius schmoren. | Vom weich gegarten Chicorée den Strunk entfernen und mit den Karottenwürfeln anrichten. | Den verbleibenden Sud passieren und zur Knoblauchsauce geben.

Knoblauchsauce

Die Zwiebeln anschwitzen, mit Weißwein ablöschen und auf die Hälfte einkochen. | Dann das Obers zugeben, kurz aufkochen und abseihen. | Nun den Chicoréesud sowie die Knoblauchpaste zugeben und die Sauce abschmecken.

TIPP

Für die Knoblauchpaste einige ungeschälte Knoblauchzehen zusammen mit etwas Thymian in wenig Gemüsebrühe weich dünsten und durch ein Sieb streichen. Diese Paste hält im Kühlschrank ca. eine Woche und lässt sich bestens für Saucen, Aufstriche und Gerichte aller Art verwenden. Chicorée liefert feine, verdauungsfördernde Bitterstoffe. Sollten diese zu dominant sein, das Gericht mit etwas Honig abschmecken, denn die Süße mildert den bitteren Geschmack.

Lauwarmer Karfiol-Eierstich
auf Schnittlauchsauce

ZUTATEN:

Karfiol-Eierstich

- 200 g Karfiolröschen
- 100 ml Milch
- ½ Becher Obers
- 3 Eidotter
- Salz, Macis (Muskatblüte)

Garnituranregung
Karottenperlen, Karottenrose,
Karottenraspel

Schnittlauchsauce

- 2 EL Zwiebeln, fein gewürfelt
- 1 TL Knoblauch, fein gehackt
- 1 TL Rapsöl
- 1 Schuss Weißwein
- ½ Tasse Gemüsebrühe
- 1 Schuss Obers
- Kartoffelstärke, Salz, Schnittlauch, Zitronenschale, gerieben, etwas Zitronensaft

ZUBEREITUNG:

Karfiol-Eierstich

Die Karfiolröschen in leicht gesalzenem Wasser bissfest kochen, abgießen und auskühlen lassen. | Nun die Röschen in vier gebutterte Formen oder Tassen füllen. | Eidotter, Milch und Obers fein mixen, abschmecken und die Karfiolröschen damit bedecken. | Die Formen im Ofen im Wasserbad ca. 40 Minuten bei 160 Grad Celsius stocken lassen. | Den Karfiol-Eierstich aus den Formen stürzen und mit der Sauce anrichten.

Schnittlauchsauce

Zwiebeln und Knoblauch im Öl anschwitzen und mit Weißwein ablöschen. | Anschließend mit der Brühe aufgießen und um die Hälfte einkochen. | Dann das Obers zugeben, die Sauce leicht mit angerührter Stärke binden und abseihen. | Zum Schluss den in feine Röllchen geschnittenen Schnittlauch zugeben und abschmecken.

TIPP Man kann die Formen auch vorher mit nasser Klarsichtfolie auslegen. Wer mag, kann die Karfiolstiele weich kochen und in die Eiermasse mixen. Karfiol kann auch gegen Brokkoli oder Romanesco ausgetauscht werden. Auch ein Gemüsemix sieht sehr hübsch aus und schmeckt exquisit.

Sanddorntörtchen

ZUTATEN:

Dinkel-Biskuit

- 3 Eier, in Dotter und Eiklar getrennt
- 3 EL warmes Wasser
- 3 EL Honig
- etwas Vanille
- 1 Prise Salz
- 100 g feines Dinkelvollkornmehl
- Schale von ½ Zitrone
- ½ TL Backpulver

Sanddorntörtchen

- 50 ml Sanddornmark
- 50 ml Apfelsaft
- 2 ½ Blatt Gelatine
- 2 ½ Becher Obers, geschlagen
- *4 Dessertringe zum Anrichten*

Garnituranregung
Pistazien, gehackt

ZUBEREITUNG:

Dinkel-Biskuit

Das Rohr auf 180 Grad Celsius Ober- und Unterhitze vorheizen. | Ein Backblech mit Backpapier auslegen. | Mehl mit Zitronenschale und Backpulver gut vermischen. | Eiklar mit einer Prise Salz steif schlagen. | Die Dotter mit Wasser und Honig zehn Minuten schaumig rühren. | Jetzt abwechselnd das Mehl und den Schnee vorsichtig unter die Dottermasse ziehen. | Auf das Backblech streichen und ca. 12–15 Minuten nicht zu kross backen.

Sanddorntörtchen

Mit einem Dessertring aus dem Biskuitboden acht Scheiben mit vier Zentimeter Durchmesser ausstechen. | Vier Scheiben davon als Boden in die Dessertringe legen. | Das Sanddornmark glattrühren, die Hälfte davon mit dem Apfelsaft mischen. | 1½ Blatt Gelatine nach Anleitung auflösen und zur Sanddorn-Apfelsaft-Mischung geben. | Die Masse, bevor sie zu stocken beginnt, auf die vier Biskuitscheiben verteilen. | Nun die zweite Biskuitscheibe auflegen. | Törtchen in den Kühlschrank stellen. | Das restliche Sanddornmark mit dem einen aufgelösten Blatt Gelatine vermischen, kalt rühren, das Obers unterheben und die Masse auf das Biskuit geben. | Kühl stellen. | Wenn alles fest ist, die Törtchen aus den Dessertringen lösen und mit Pistazien bestreut servieren.

TIPP

Sanddorn ist eine wahre Vitamin-C-Bombe. Wer Sanddornsträucher hat, kann im Herbst – nachdem der Frost da war – die Beeren ernten und mixen, aufkochen und in sterile Flaschen abfüllen. Ansonsten Sanddornmark aus dem Bioladen oder Reformhaus nehmen. | Wer den Dinkel selber mahlt, sollte das Mehl sieben. Das Biskuit wird ohne die Kleie feiner und lässt sich leichter verarbeiten. | Wer keine Dessertringe hat, bereitet das Ganze in einer größeren Form zu und schneidet nach dem Erkalten kleine Portionen zurecht. Die Teigplatte kann auch gerollt und zu einer Biskuitroulade (für 4 Personen) weiterverarbeitet werden.

April

Wildkräuter – wunderbare unverwüstliche Lebenskraft

Mit offenen Augen durch die Wiesen und Felder wandern und staunen, wie reich der Tisch unserer Heimat mit wilden Kräutern gedeckt ist. Wildkräutersammeln schenkt eine tiefe innere Zufriedenheit und verbindet mit der Natur. Wie viele Überraschungen und neue Geschmackserlebnisse wachsen im Verborgenen! Gänseblümchen und Veilchen zum Salat, Löwenzahnhonig, Vogelmieren-Pesto, Spitzwegerich-Sirup, Giersch zu Erdäpfeln und Unzähliges mehr – ausprobieren lohnt sich!

> *Gegen das, was man im Überfluss hat, wird man gleichgültig; daher kommt es, dass viele hundert Pflanzen und Kräuter für wertlose Unkräuter gehalten werden, anstatt dass man sie beachtet, bewundert und gebraucht.*
>
> *Sebastian Kneipp*

Glasierter Kohlrabi
mit Ziegenkäse im Lattichblatt

Kohlrabi

- 6 Scheiben Kohlrabi, ca. 3 mm, halbiert
- 1 EL Olivenöl
- ½ Tasse Gemüsebrühe
- Salz, Koriander, gemahlen, etwas Honig, Kohlrabiblätter, in feine Streifen geschnitten

Ziegenkäse

- 4 große Lattichblätter (Sommerendivie)
- 4 Ziegenfrischkäse-Rollen, je ca. 4 cm groß
- 1 EL Olivenöl
- ½ Tasse Gemüsebrühe

Garnituranregung
Kirschtomaten, gelb und rot

ZUBEREITUNG:

Kohlrabi

Die Kohlrabischeiben mit Olivenöl und Gemüsebrühe bissfest dünsten und abschmecken. | Zum Schluss die Kohlrabiblattstreifen unterheben.

Ziegenkäse

Die Ziegenkäsestücke in die Lattichblätter einwickeln. | In einer feuerfesten Form im Ofen bei 140 Grad Celsius mit dem Olivenöl und der Gemüsebrühe einige Minuten garen, bis der Käse weich wird. | Dann die Käsepäckchen aufschneiden, mit den glasierten Kohlrabi anrichten und mit den Kirschtomaten garniert sofort servieren.

TIPP Lattich, auch Sommerendivie oder Römersalat genannt, ist eine alte Blattgemüsesorte. Alternativ kann auch Kopfsalat oder Mangold verwendet werden. Wenn Mangold verwendet wird, sollten die Blätter vorher kurz im leicht gesalzenen Wasser überbrüht und kalt abgeschreckt werden. Die Kohlrabiblätter sind sehr aromatisch und nährstoffreich – daher immer mit verwenden.

Hollersüppchen
mit süßem Grießnockerl

ZUTATEN:

Hollersüppchen

- 600 g Hollerbeeren (tiefgekühlt vom Herbst)
- 2 Tassen Rotwein
- 1 Sternanis, 1 Zimtstange, 4 Nelken, Vanille
- 4 EL Honig
- 1 EL Kartoffelstärke

Grießnockerl

- 50 g Butter, zimmerwarm
- 1 Ei, zimmerwarm
- 75 g Dinkelgrieß
- 20 g Staubzucker
- Vanille, gemahlen

ZUBEREITUNG:

Hollersüppchen

Zwei Drittel der Hollerbeeren mit den Gewürzen und dem Rotwein aufkochen und zehn Minuten ziehen lassen. | Anschließend die Gewürze entfernen und alles sehr fein pürieren. | Nach Bedarf leicht mit Stärke nachbinden und durch ein Sieb streichen. | Die Suppe noch einmal erhitzen, die restlichen Hollerbeeren zugeben und mit Honig abschmecken.

Grießnockerl

Die Butter in einer Schüssel schaumig schlagen, dann das Ei einrühren, bis die Masse homogen ist. | Nun Grieß, Vanille und Zucker unterrühren und 20 Minuten stehen lassen. | Mit zwei Löffeln gleichmäßige Nocken abstechen, diese in kochendes Wasser geben und fünf Minuten köcheln lassen. | Den Topf für fünf Minuten vom Herd nehmen und die Nockerl absinken lassen, dann noch einmal aufkochen und die Nockerl mit der Suppe anrichten.

TIPP | Das Hollersüppchen kann warm oder auch kalt serviert werden. Anstelle von Rotwein kann auch roter Traubensaft gewählt werden. Kartoffelstärke bindet klarer – wenn das aber nicht ganz so wichtig ist, kann auch Maisstärke verwendet werden.

Kohlrabiterrine
mit Gelber-Rüben-Sauce

ZUTATEN:

Kohlrabitterine (1 Terrinenform)

9–10 längliche Karottenscheiben mit dem Messer geschnitten – ca. 10 cm lang

300 g Kohlrabi, geschält, grob gewürfelt

½ Tasse Gemüsebrühe

300 g Seidentofu

7 Blatt Gelatine, eingeweicht oder 8 g Agar-Agar

Salz, Cayennepfeffer, gehackte Kohlrabiblätter

Gelbe-Rüben-Sauce

2 Gelbe Rüben geschält, grob gewürfelt

½ Tasse Gemüsebrühe

Salz, Macis (Muskatblüte)

etwas Zitrone

Garnituranregung
Kresse und Blüten

ZUBEREITUNG:

Kohlrabiterrine

Die Kohlrabiwürfel mit wenig Gemüsebrühe sehr weich dünsten. | Dann mit dem Seidentofu fein mixen und zwei Esslöffel davon in die aufgelöste, warme Gelatine rühren. | Die Gelatinemischung mit der Kohlrabimasse verrühren. | Eine Terrinenform mit Folie und mit den bissfest blanchierten Karottenscheiben auslegen. | Die Masse einfüllen und die überlappenden Karottenscheiben schließen. | Ca. drei Stunden kühlen. | Vor dem Servieren die Terrine stürzen und in Scheiben schneiden.

Gelbe-Rüben-Sauce

Die Gelben Rüben sehr weich dünsten, dann fein pürieren und abschmecken. | Die abgekühlte Sauce mit den Terrinenscheiben anrichten und nach Belieben garniert servieren.

 TIPP | Das Auslegen der Terrinenform mit Karottenscheiben ist sehr dekorativ, es geht bei Zeitmangel aber auch ohne. | Seidentofu ist ein sehr weicher, glatter Tofu, den Sie im Bioladen bekommen. Alternativ kann auch Topfen verwendet werden.

Salat von Vogelmiere
und Schwarzem Rettich

Salat

- 4 Handvoll Vogelmiere
- ½ Rettich, Schwarz
- 3 EL Olivenöl
- 1½ EL Balsamico weiß
- Salz, Pfeffer aus der Mühle

Salat

Die Vogelmiere putzen. | Den Rettich schälen und in feine Streifen schneiden oder raspeln. | Dann Salat und Rettich mit Olivenöl, Balsamico und Salz würzen und anrichten. | Sehr dekorativ ist es, den Salat wie im Bild in einem ausgehöhlten Rettich angerichtet zu servieren.

TIPP | Vogelmiere gibt es manchmal im gut sortierten Bioladen. Am besten ist, Sie setzen sie im eigenen Garten an. Die Vogelmiere liebt nährstoffreiche Böden und ist an sonnigen Plätzen das ganze Jahr über zu finden. Vogelmiere ist reich an Vitamin C und Mineralien. Der Schwarze Rettich löst Verschleimungen im Kopf- und Brustbereich und liefert ebenfalls Vitamin C und Mineralien.

Schaumsuppe
vom Häuptelsalat

ZUTATEN:

Schaumsuppe

¼ Zwiebel, fein gewürfelt

1 EL Haselnussöl oder ein anderes nussiges Öl

1 Schuss Weißwein

¾ l Gemüsebrühe

½ Becher Obers, geschlagen

100 g Häuptelsalat, geputzt, gewaschen

Salz, Macis (Muskatblüte), Nelke, gemahlen

ZUBEREITUNG:

Schaumsuppe

Die Zwiebeln in Haselnussöl anschwitzen, mit Weißwein ablöschen und mit der Brühe auffüllen. | Das Ganze um die Hälfte einkochen, dann mit dem Obers und dem Salat im Mixer sehr fein aufmixen. | Abschmecken und sofort servieren. | Wer mag, kann getrocknete Blüten und Salatstreifen als Garnitur auf die Suppe streuen.

TIPP | Die äußeren Blätter des Salates nicht verwenden. Häuptelsalat liefert reichlich Vitamine und Mineralien, und die enthaltenen Milchsäfte beruhigen. Durch das feine Mixen und die warme Zubereitung wird der Salat für jeden gut verdaulich.

Wildkräuter-Topfensoufflée
mit Rahm-Stielmus

ZUTATEN:

Soufflée

- 120 ml Milch
- 1 EL Maizena (Maisstärke) oder andere Stärke
- 1 EL Butter
- 3 Eier, getrennt
- 125 g Topfen
- 1 Handvoll Wildkräuter (Schafgarbe, Gundelrebe, Vogelmiere, Giersch etc.)
- 25 g Mehl

- 10 g Zucker
- Salz, Macis (Muskatblüte), Limettenschale, gerieben
- 4 Förmchen oder Tassen mit 4 cm Durchmesser

Rahm-Stielmus

- 300 g Stielmus (Blätter verschiedener Rübenarten)
- 2 EL Olivenöl
- ½ Tasse Obers, geschlagen
- Salz, Honig, Limettensaft

ZUBEREITUNG:

Soufflée

Die Milch mit der Stärke verrühren, etwas erwärmen und die Butter zugeben. | Die Mischung abkühlen und anschließend die Dotter sowie den Topfen und die Kräuter einrühren. | Die Eiklar zu steifem Schnee schlagen, Mehl und Zucker einrieseln lassen und kurz weiter aufschlagen. | Den Schnee unter die Topfenmasse heben, abschmecken und die gebutterten und bemehlten Förmchen oder Tassen zu drei Viertel füllen. | Diese im Ofen im Wasserbad bei 160 Grad ca. 25 Minuten garen.

Rahm-Stielmus

Die Blätter grob hacken und im Olivenöl anschwitzen. | Dann das Obers zugeben, abschmecken und mit den gestürzten Soufflés anrichten.

 TIPP Als Stielmus bezeichnet man die Blätter verschiedener Rübenarten (z. B. Kohlrabi, Rote Rüben, ...). Sie können aber auch Spinat oder Salatblätter verwenden. | Diese Soufflérezeptur eignet sich auch für den Dampfgarer (25 Minuten bei 100 Grad). | Verwenden Sie Wildkräuter nach Gusto bzw. nach jahreszeitlichem Vorkommen.

Mai

Maikur – nach Hildegard von Bingen

Die Frühjahrskur für neue Lebensfreude mit dem wichtigsten „Meister aller Erschöpfung" (Wermut). Die Maikur mit Wermutwein ist ein altbekanntes, einfaches und wirksames Mittel zur Entgiftung und Entschlackung. Sie wirkt vitalisierend, stärkt unser Herz und gleichzeitig unsere Abwehrkräfte. Wenn die Maikur bei abnehmendem Mond begonnen wird, verstärkt sich die Wirkung.

 Werde, was du bist – Mensch, werde Mensch!

Hildegard von Bingen

Erdäpfel-Gemüsegarten

Erdäpfelpüree

| 10 Erdäpfel, mehlig kochend
| 2 Tassen Milch
| 2 EL Butter
| Salz, Macis (Muskatblüte)
| 2 EL Petersilie, fein gehackt

Gemüsegarten

| ½ Paprika, rot
| ½ Paprika, gelb
| 1 Karotte, geschält
| ½ Tasse Gemüsebrühe
| Salz, Koriander, gemahlen

Garniturempfehlung
Frühlingslauch, Gänseblümchen, Blüten

ZUBEREITUNG:

Erdäpfelpüree

Die Erdäpfel in der Schale mit etwas Salz weich kochen. | Nun schälen, durch die Kartoffelpresse drücken und teilen. | Die eine Hälfte mit einer Tasse heißer Milch vorsichtig verrühren und abschmecken. | Für das grüne Püree die verbleibende Milch erhitzen, mit der Petersilie mixen, mit den restlichen Erdäpfeln glattrühren und würzen. | Pürees in zwei Spritzbeutel füllen. | Mit dem hellen Püree ein Viereck auf die Teller spritzen und dieses mit dem grünen Püree füllen.

Gemüsegarten

Das Gemüse nach Gusto schneiden oder mit diversen Formen ausstechen, mit der Gemüsebrühe bissfest dünsten und fein abschmecken. | Nun die Gemüse gefällig auf der „grünen Wiese" anrichten, garnieren und sofort servieren.

TIPP | Dieses Gericht ist besonders für Kinder geeignet und lässt sich ganz nach Belieben anrichten. Es muss nicht immer aus Kartoffeln bestehen, auch Püree aus Süßkartoffeln, Sellerie, Pastinaken, Karotten und anderen festen Gemüsesorten ist hervorragend. Falls Sie „sortenreines" Püree zu geschmacksintensiv finden, kann jedes Gemüse natürlich mit Kartoffeln gemischt werden. Auch weiße Bohnen oder Kichererbsen lassen sich mit Gemüse zu wohlschmeckenden Pürees verarbeiten. Kräuter und Gewürze verleihen Farbe.

Frühlingssalat
mit gebratenem Spargel, Erdbeerpfeffer und Rhabarber

Frühlingssalat

4 Handvoll Salat (Portulak, Lungenkraut, Lollo Rosso, Lollo Bianco), geputzt

2 EL Olivenöl

1 EL Apfelessig

Salz, Honig

Rhabarber

¼ Stange Rhabarber, geschält

1 TL Olivenöl

Salz, Staubzucker

Spargel

12 Stangen Grüner Spargel

1 EL Haselnussöl oder ein anderes nussiges Öl

½ Tasse Gemüsebrühe

Salz, Honig, Koriander, gemahlen, Zitronenschale, gerieben

VEGAN

Erdbeerpfeffer

8 Erdbeeren, geputzt

1 TL grüner Pfeffer aus der Lake

Staubzucker, Salz

1 EL Olivenöl

ZUBEREITUNG:

Frühlingssalat

Die Salate mundgerecht zupfen. | Aus Olivenöl, Apfelessig, Salz und Honig ein Dressing rühren und den Salat vorsichtig damit marinieren.

Spargel

Die Spargelstangen unten 2 mm abschneiden und im unteren Drittel schälen. | Die Spitzen abschneiden, den Rest in dünne Scheiben schneiden. | Den Spargel im Haselnussöl anschwitzen und mit der Brühe bissfest dünsten. | Mit Salz, Honig, Zitronenschale und Koriander abschmecken.

Rhabarber

Mit einem Sparschäler vom Rhabarber der Länge nach dünne Scheiben wie Bandnudeln abschälen. | Mit Olivenöl, Salz und Staubzucker kurz in der Pfanne anschwitzen. | Die Rhabarberscheiben aufrollen und mit dem Spargel und dem Salat anrichten.

Erdbeerpfeffer

Die Erdbeeren mit dem Olivenöl, dem Pfeffer und etwas Staubzucker fein pürieren und abschmecken. | Dann zum Salat anrichten.

TIPP | Portulak bekommt man im Fachhandel oder im Bioladen. Er ist reich an Vitamin C, Magnesium, Eisen, Calcium und Omega-3-Fettsäuren. Die Frühlingssalate können ganz nach Gusto variiert werden.

Kräutercreme
im Spargelmantel auf Radieschensalat

ZUTATEN:

Spargelmantel

- 16 Spargelspitzen, ca. 5 cm, halbiert
- 1 EL Haselnussöl oder Olivenöl
- ½ Tasse Gemüsebrühe
- 1 TL Ingwer, fein gehackt
- 1 EL Honig
- Salz, Zitronenschale, gerieben

Kräutercreme

- ¾ Packung Topfen
- 3 EL Gartenmelde, fein gehackt
- 4 Blatt Gelatine
- Salz, Cayennepfeffer, Limettensaft, Honig
- ¼ Becher Obers, geschlagen
- 4 Formen oder Tassen, 5 cm Durchmesser, 4 cm hoch

Lauchvinaigrette

- 4 EL Lauch, fein gewürfelt
- 2 EL Olivenöl
- 1 EL Apfelessig
- Salz, Pfeffer aus der Mühle

Radieschensalat

- 1–2 Bund Radieschen, in feinen Scheiben
- 2 EL Walnussöl
- 1 EL Balsamico weiß
- Salz, feine Schnittlauchröllchen

ZUBEREITUNG:

Kräutercreme: Die Gartenmelde mit dem Topfen verrühren. | Die eingeweichte Gelatine im Topf vorsichtig auflösen, zwei Esslöffel der Topfenmasse einrühren und das Ganze dann mit der restlichen Topfenmasse glattrühren. | Nun das Obers unterheben und abschmecken.

Spargelmantel: Die Spargelspitzen im Haselnussöl anschwitzen und mit der Gemüsebrühe sowie dem Ingwer bissfest dünsten. | Nun mit Honig, Salz und Zitronenschale abschmecken. | Die Formen bzw. Tassen mit Klarsichtfolie auslegen und mit den Spargelspitzen den Rand auskleiden. | Die Kräutercreme einfüllen und zwei Stunden kühlen. | Dann aus der Form nehmen und anrichten.

Lauchvinaigrette: Den Lauch im Olivenöl zwei bis drei Minuten anschwitzen. | Mit Apfelessig, Salz und Pfeffer abschmecken.

Radieschensalat: Die Creme mittig auf den Teller setzen, die Vinaigrette rundherum anrichten. | Die Teller außen mit den Radieschenscheiben auslegen. | Das Walnussöl mit dem Balsamico, den Gewürzen und dem Schnittlauch verrühren und die Radieschenscheiben einpinseln oder beträufeln. | Das Gericht mit Baguette oder Ciabatta servieren.

TIPP Die Gartenmelde ist reich an Vitamin A und C sowie an Kalium, Magnesium, Phosphor und Protein. Ähnlich wie Spinat enthält sie auch Oxalsäure, jedoch in geringerer Menge als dieser. Anstelle der Gartenmelde können auch andere Gartenkräuter oder Wildkräuter verwendet werden. | Natürlich kann dieses Gericht auch mit grünem Spargel zubereitet werden. Die Spargelenden für eine feine Suppe verwenden oder aber wie die Spargelspitzen zubereiten und als Salat servieren.

Mairübenrösti
mit Wildspinat und Gänseblümchen

ZUTATEN:

Mairübenrösti

| 5 Erdäpfel, geschält
| 5 Mairüben, geschält
| 4 EL Butterschmalz oder Öl
| Salz, Macis (Muskatblüte)

Wildspinat

| 4 Handvoll Wildspinat (Weiße Taubnessel, Brennnessel, Brunnenkresse, Frauenmantel, Weißer Gänsefuß, Guter Heinrich, Gundelrebe, Kohldistel, …)
| 2 EL Olivenöl
| Salz, Koriander, gemahlen

VEGAN

Garniturempfehlung
Gänseblümchen, Lungenkrautblüten

ZUBEREITUNG:

Mairübenrösti

Die Erdäpfel und die Mairüben raspeln, gut ausdrücken und mit Salz und Macis würzen. | Das aufgefangene Wasser fünf Minuten stehen lassen, und die abgesetzte Stärke unter die Rösti-masse rühren. | Nun in einer Pfanne Schmalz oder Öl erhitzen und darin kleine Rösti von beiden Seiten ca. vier Minuten braten.

Wildspinat

Die Wildspinatblätter putzen und anschließend in der Pfanne mit Olivenöl kurz durchschwen-ken. | Mit Salz und gemahlenem Koriander abschmecken und mit den Rösti anrichten. | Mit Blüten garnieren und servieren.

> **TIPP** | Als Wildspinat können alle essbaren Blätter von Wildpflanzen genutzt werden. Je nach Geschmack kann auch normaler Spinat ergänzt werden. Junger Wildspinat kann auch als Salat zubereitet und mit den Rösti serviert werden. Mairüben be-kommt man in gut sortierten Gemüsefachgeschäften. Alternativ kann auch Kohlrabi verwendet werden.

Scharfe Frühlingsrollen
mit Schalottenkompott

ZUTATEN:

Frühlingsrollen

| 8 Frühlingsrollenblätter
| 2 EL Olivenöl
| 1 Paprika, rot, fein gewürfelt
| 1 Paprika, gelb, fein gewürfelt
| ½ Zwiebel, fein gewürfelt
| 2 Knoblauchzehen, fein gehackt
| 1 TL Kartoffelstärke,
| Salz, Chili
| 1 EL Öl (oder Butter, zerlassen)

Schalottenkompott

| 20 Schalotten, in feine Scheiben geschnitten
| 1 EL Olivenöl
| ¼ l Rotwein
| ¼ Tasse Gemüsebrühe
| Salz, Honig, Pfeffer aus der Mühle, Thymian, gehackt

VEGAN

ZUBEREITUNG:

Frühlingsrollen

Die Zwiebeln und die Paprika im Olivenöl anschwitzen und bissfest dünsten. | Nun das Gemüse mit der angerührten Stärke leicht binden und pikant abschmecken. | Die Masse abkühlen lassen, dann acht Frühlingsrollenblätter füllen, einrollen und mit dem Öl einpinseln. | Im vorgeheizten Ofen bei 180 Grad Celsius acht Minuten knusprig backen.

Schalottenkompott

Die Schalotten im Olivenöl anschwitzen und mit der Brühe und dem Rotwein bissfest dünsten. | Die Flüssigkeit sollte dabei sirupartig eingekocht sein. | Pikant mit Thymian, Pfeffer, Honig und Salz abschmecken. | Mit den aufgeschnittenen Frühlingsrollen anrichten und sofort servieren.

TIPP | Wer Paprika eher schlecht verträgt, kann die Schoten vorher vierteln und mit einem Sparschäler schälen. Anstelle der Schalotten können auch weiße Zwiebeln verwendet werden.

Vanillewaffeln
mit Erdbeeren

Vanillewaffeln

- 2 Eiklar, zu Schnee geschlagen
- 2 Eidotter
- 100 g Dinkelvollkornmehl
- ca. 70 ml Milch
- 250 g Topfen
- 2 EL Honig
- 1 Prise Salz, Vanille, gemahlen
- Fett für das Waffeleisen

Erdbeeren

- 500 g Erdbeeren
- 1 Zitrone, Saft und geriebene Schale
- Vanille, gemahlen

Vanillewaffeln

Die Eidotter mit allen Zutaten außer dem Schnee glattrühren und zehn Minuten ruhen lassen. | Dann den Schnee vorsichtig unterheben. | Ein Waffeleisen von 20 Zentimeter Durchmesser vorheizen, mit Fett ausstreichen. | Dann jeweils drei bis vier Esslöffel Masse einfüllen und drei bis vier Minuten backen.

Erdbeeren

Die Erdbeeren mit Honig, Zitrone und Vanille mixen und mit den Waffeln servieren.

TIPP Die Beeren können je nach Verfügbarkeit variieren. Um die „Nüsschen" der Erdbeeren zu entfernen, kann man die Masse durch ein Sieb streichen.

Juni

Entschlackungstag für zwischendurch

Schon ein Entschlackungsfasten- oder Entlastungstag pro Woche hilft schlechte Essgewohnheiten zu verabschieden und unser Verdauungssystem zu entlasten. Durch den Stoffwechselreiz werden zusätzlich die körpereigenen Reinigungskräfte aktiviert, und dadurch das Wohlbefinden spürbar gesteigert. Gewichtsbalance stellt sich mit bewusstem Trinken und gezielten Nahrungspausen ganz von alleine ein.

Ein Entschlackungswochenende mit Verwöhnprogramm schenkt puren Genuss.

 „Eure Nahrung sei euer Heilmittel, und euer Heilmittel sei eure Nahrung. Die vornehmste aber und wirkungsvollste Art, euren inneren Arzt wirken zu lassen, besteht im Weglassen aller Nahrung, also im Fasten."

Hippokrates von Kos, 460–370 v.Chr.

Gebratene Jungzwiebeln
mit Salbeibutter & buntem Erdäpfelsalat

ZUTATEN:

Jungzwiebeln

| 1 Bund Jungzwiebeln, in Stücke geschnitten
| 1 EL Olivenöl
| ½ Tasse Gemüsebrühe
| Salz, Macis (Muskatblüte)

Bunter Erdäpfelsalat

| Je 8 Erdäpfel, blau (Trüffelerdäpfel), rosa Erdäpfel sowie Kipfler
| 2 EL Olivenöl
| 1 EL Butter
| Salz, Pfeffer aus der Mühle, Macis

Salbeibutter

| 2 EL Butter
| 2 EL Salbei, fein geschnitten
| Salz

ZUBEREITUNG:

Jungzwiebeln

Die Jungzwiebelstücke im Olivenöl anschwitzen und mit der Brühe bissfest dünsten. | Mit Salz und Macis abschmecken.

Bunter Erdäpfelsalat

Die Erdäpfel mit der Schale in leicht gesalzenem Wasser bissfest kochen. | Anschließend schälen und in Scheiben schneiden. | In einer Pfanne das Olivenöl mit der Butter erhitzen, bis die Butter aufschäumt. | Dann die Erdäpfel darin durchschwenken und abschmecken.

Salbeibutter

Die Butter in einer Pfanne aufschäumen, den Salbei darin schwenken und leicht salzen. | Die Jungzwiebeln und die Erdäpfel anrichten und mit der Salbeibutter beträufeln.

TIPP Die Erdäpfel sind im guten Gemüsefachhandel, im Bioladen oder im Hofverkauf von Erdäpfelbauern erhältlich. Beim Salbei kann mit der Sorte variiert werden. Eine geschmacklich interessante Variante bietet zum Beispiel Ananassalbei.

Gefüllte Zucchini
auf Paprikasauce

ZUTATEN:

Gefüllte Zucchini

- 2 große, grüne Zucchini
- 2 große, gelbe Zucchini
- 1 Paprika, rot, fein gewürfelt
- 1 Paprika, gelb, fein gewürfelt
- 1 Melanzani, fein gewürfelt
- ½ Zwiebel, fein gewürfelt
- 4 Knoblauchzehen, fein gehackt
- 2 EL Olivenöl
- Salz, Pfeffer aus der Mühle, Thymian, gehackt

Paprikasauce

- 1 Paprika, rot, gewürfelt
- ½ Zwiebel, gewürfelt
- 1 TL Olivenöl
- ½ Tasse Gemüsebrühe
- Salz, Paprika edelsüß, Thymian, gehackt

VEGAN

ZUBEREITUNG:

Gefüllte Zucchini

Die Zucchini in jeweils vier Stücke mit ca. vier Zentimeter Höhe schneiden. | Die Zucchinistücke mit einem kleinen Löffel aushöhlen, bis ca. drei Millimeter am Rand und am Boden bleiben. | Die ausgehöhlten Zucchini in leicht gesalzenem Wasser drei bis vier Minuten kochen. | Aus dem Wasser nehmen, eiskalt abschrecken und trocknen. | Das Ausgehöhlte fein würfeln. | Die Zwiebeln im Olivenöl anschwitzen, die Gemüsewürfel sowie den Knoblauch und den Thymian zugeben und bissfest dünsten. | Die Füllung pikant mit Salz und Pfeffer abschmecken und in die Zucchinistücke füllen. | Diese vor dem Servieren im Ofen bei 160 Grad Celsius kurz erhitzen.

Paprikasauce

Die Zwiebeln im Olivenöl anschwitzen, die Paprikawürfel, den Thymian und den Knoblauch zugeben und mit der Gemüsebrühe auffüllen. | Wenn das Gemüse weich ist, alles fein mixen, durch ein Sieb streichen und mit Salz und Paprikapulver abschmecken. | Die Sauce mit den Zucchini anrichten und mit Baguette servieren.

TIPP Anstelle von Zucchini können Sie auch Kohlrabi und andere Gemüse zum Füllen werden. Wer Paprika nicht gut verträgt, kann diese vorher schälen. Ohne Schale ist er leichter bekömmlich.

Pfannengemüse
mit Gundelrebenspätzle

ZUTATEN:

Pfannengemüse

- 2 Karotten, geschält
- 2 Stangen Frühlingslauch, geputzt
- 1 Handvoll Kaiserschoten (Zuckererbsen), geputzt
- 250 g Kirschtomaten, geviertelt
- 1 Paprika, gelb
- Salz, Koriander, gemahlen, Blütenmischung
- 2 EL Olivenöl

Gundelrebenspätzle

- 1 Handvoll Gundelrebe
- 2 EL Olivenöl
- 2 Eier
- 200 g Dinkelvollkornmehl, gesiebt
- 1 Tasse Mineralwasser
- Salz, Koriander, gemahlen

Garniturempfehlung
Kräuter und Blüten

ZUBEREITUNG:

Pfannengemüse

Die Karotten in Stifte, den Frühlingslauch in zwei Zentimeter große Stücke schneiden, Kaiserschoten halbieren und Paprika in Streifen schneiden. | Das Gemüse im Olivenöl anschwitzen und zugedeckt bissfest dünsten. | Mit Salz, Koriander und gehackten Blüten abschmecken.

Gundelrebenspätzle

Die Hälfte der Gundelrebe mit den Eiern fein mixen. | Nun das Mehl, Mineralwasser, Salz und Macis zugeben und den Teig mit einem Holzlöffel kräftig schlagen, bis er Blasen wirft. | Den fertigen Teig in kochendes, leicht gesalzenes Wasser schaben und aufkochen. | Wenn die Spätzle oben schwimmen, aus dem Wasser nehmen und in eine Pfanne geben. | Die zweite Hälfte der Gundelrebe mit zwei Esslöffeln Olivenöl fein mixen, die Spätzle damit durchschwenken. | Mit dem Gemüse anrichten.

TIPP Man kann die Spätzle auch ins Wasser hobeln oder durch eine Erdäpfelpresse drücken. Zum Schaben benötigt man eine Teigkarte und ein Holzbrett. Die aromatisch schmeckende Gundelrebe besticht durch ihren hohen Gehalt an Vitamin C und Mineralien. Auch andere Wildkräuter wie Giersch, Vogelmiere oder Brennnessel eignen sich hervorragend für dieses Gericht.

Rotweinbirne
mit Schokocreme

ZUTATEN:

Rotweinbirne

- 2 Birnen, geschält, halbiert, entkernt
- 2 Tassen Rotwein
- 2 Sternanis, 1 Vanilleschote, halbiert, Gewürznelken, Honig
- ½ TL Kartoffelstärke

Schokocreme

- ½ l Haferdrink
- 1 EL Carobpulver
- 2 EL Honig
- 1 EL Kartoffelstärke
- Vanille, gemahlen

VEGAN

ZUBEREITUNG:

Rotweinbirne

Den Rotwein mit Sternanis, Vanilleschote und Gewürznelken erhitzen. | Nun die Birnen einlegen und fünf Minuten köcheln lassen. | Im Sud abkühlen und 24 Stunden im Kühlschrank ziehen lassen. | Anschließend die Birnen aus dem Sud nehmen, diesen abseihen und aufkochen. | Mit der angerührten Kartoffelstärke binden und abkühlen lassen. | Die Birnen in Spalten schneiden, anrichten und mit der Rotweinsauce beträufeln.

Schokocreme

Den Haferdrink aufkochen und mit der angerührten Stärke binden. | Carob, Honig sowie Vanille einrühren, die Creme in Schüsselchen oder Tassen portionieren und kühlen. | Mit den Birnen servieren.

TIPP Anstelle von Carob kann auch Kakaopulver verwendet werden. Statt Haferdrink kann man auch Reisdrink, Dinkeldrink oder Milch verwenden. | Rotwein kann durch roten Traubensaft ersetzt werden.

Salanova
mit zwei Dressings

Salanova

| 4 Häuptel Salanova, grün
| 4 Häuptel Salanova, violett

Himbeerdressing

| 100 g Himbeeren, frisch
| 1 EL Himbeeressig
| 2 EL Traubenkernöl,
| ersatzweise Rapsöl
| Salz, Honig

Brombeerdressing

| 100 g Brombeeren, frisch
| 1 EL Apfelessig
| 2 EL Sonnenblumenöl
| Salz, Apfeldicksaft

VEGAN

ZUBEREITUNG:

Salanova
Die Salate im Ganzen gut waschen, trocknen, dann anrichten.

Himbeerdressing
Die Himbeeren mit dem Himbeeressig und dem Traubenkernöl aufmixen und durch ein Sieb streichen. | Das Dressing fein mit Salz und Honig abschmecken.

Brombeerdressing
Die Brombeeren mit dem Apfelessig und dem Sonnenblumenöl aufmixen und durch ein Sieb streichen. | Das Dressing fein mit Salz und Apfeldicksaft abschmecken.

TIPP | Salanova ist eine Neuzüchtung mit zwei- bis viermal so vielen Blättern wie Häuptelsalat. Man bekommt ihn im guten Gemüsefachhandel oder guten Hofläden. Alternativ kann Häuptelsalat, Bataviasalat und Eichblattsalat verwendet werden.

Smoothie
von Wildkräutern mit Karottengelee

Smoothie

je 1 Handvoll Brennnesselblätter,
Karottengrün, Spinatblätter

2 EL Radieschensprossen,
kurz in Olivenöl angeschwitzt

4 EL Apfelmus, frisch
(Rezept siehe Dinkelschmarrn S. 14)

2 Bananen

1 EL Olivenöl

½ l Apfelsaft (oder Buttermilch)

Karottengelee

½ kg Karotten, gedünstet, püriert

Salz, frisch geriebener Kren,
Macis (Muskatblüte)

8 g Agar-Agar

VEGAN

Smoothie

Alle Zutaten frisch in einem Mixer bei hoher Drehzahl sehr fein mixen.

Karottengelee

Für das Gelee das Karottenpüree mit dem Agar-Agar zwei Minuten köcheln lassen und würzen. | Eine Form mit Frischhaltefolie auslegen, das Gelee einen halben Zentimeter dick einfüllen. | Gekühlt stocken lassen. | Das feste Gelee würfeln und mit dem Smoothie servieren.

TIPP Das Grün der Karotten liefert reichlich Vitamin C, Mineralien und antioxidativ wirkende Pflanzenstoffe. Wer auf Agar-Agar allergisch reagiert, kann das Gelee auch mit fünf bis sechs Blatt Gelatine binden.

Juli

Essen gemäß der Schöpfung

Regionalität als Antwort auf den Globalisierungswahn, Traditionen als Anker in einer instabilen Welt und eine intakte Natur der gelebten Nachhaltigkeit – so einfach ist es.

Zu einer gesunden Ernährung gehört der verantwortungsvolle Umgang mit Mensch, Tier, Natur und Rohstoffen. Lebensmittel sind ein Geschenk, sie verpflichten zu Achtsamkeit und Ehrfurcht. Entscheiden Sie sich bewusst für frische, regionale, saisonale Lebensmittel. Der persönliche und jederzeit mögliche Beitrag für eine bessere Welt wird mit dem Gefühl der Dankbarkeit belohnt.

Erst wenn der letzte Baum gerodet,
der letzte Fluss vergiftet,
der letzte Fisch gefangen ist,
werdet ihr feststellen,
dass man Geld nicht essen kann.

Creek-Indianer

Basilikumgnocchi
mit glasierten Kaiserschoten

ZUTATEN:

Basilikumgnocchi

4 große, mehlige Erdäpfel, gekocht, geschält

4 Eidotter

120 g Mehl, glatt

2 EL Dinkelgrieß

1 Bund Basilikum, fein gehackt

Salz, Macis (Muskatblüte)

1 EL Butter

Kaiserschoten

300 g Kaiserschoten (Zuckererbsen), geputzt, halbiert

1 EL Butter

Salz, Macis (Muskatblüte)

etwas Gemüsebrühe

Tomatensugo

250 g Kirschtomaten, geviertelt

½ Zwiebel, fein gewürfelt

2 Knoblauchzehen, fein gehackt

1 EL Olivenöl

Salz, Chili, gehackt

1 TL Kartoffelstärke

ZUBEREITUNG:

Basilikumgnocchi

Die geschälten Erdäpfel durch eine Kartoffelpresse drücken und mit Mehl, Grieß, Dottern, Basilikum, Salz und Macis zu einem festen Teig verarbeiten. | Den Teig auf einer bemehlten Arbeitsfläche zu Rollen mit zwei Zentimeter Durchmesser formen und mit einer Teigkarte Gnocchi abstechen. | Die Gnocchi in leicht gesalzenem Wasser zwei bis drei Minuten kochen. | Nun aus dem Wasser nehmen, abtropfen lassen und in der zerlassenen Butter schwenken.

Kaiserschoten

Die Kaiserschoten in Butter und Brühe bissfest dünsten. | Mit Salz und Macis abschmecken.

Tomatensugo

Die Zwiebeln im Olivenöl anschwitzen, dann Knoblauch und Tomaten zugeben und zehn Minuten köcheln lassen. | Nun alles fein mixen, abschmecken und mit angerührter Stärke binden. | Durch ein Sieb streichen und mit den Gnocchi und den Kaiserschoten anrichten.

TIPP | Man kann den Gnocchi nach Gusto jede Form geben: zu Kugeln rollen, über einem Gabelrücken drücken usw. | Die gekochten Gnocchi kann man auch rasch abkühlen lassen und erst vor dem Servieren in heißer Butter schwenken.

Gefüllte Melanzani
mit Avocadodip

ZUTATEN:

Melanzani

- 1 Melanzani
- 1 EL Olivenöl
- Salz, Koriander, gemahlen
- 2 EL Dinkelvollkornmehl
- 2 Eier, verquirlt
- 3 EL Dinkelbrösel
- Rapsöl zum Ausbacken

Füllung

- 50 g Feta, fein gewürfelt
- 1 kleines Stück Blauschimmelkäse
- 1 Eidotter
- Salz, Koriander, gemahlen, Thymian, gehackt

Avocadodip

- 2 Avocados
- 1–2 Limetten
- Salz, Chili, gehackt, Kreuzkümmel

ZUBEREITUNG:

Melanzani

Die Melanzani in dünne Scheiben schneiden. | Diese auf ein Backblech legen, mit Olivenöl bestreichen, würzen und im Ofen fünf Minuten backen.

Füllung

Für die Füllung Feta, Blauschimmelkäse, Dotter, Thymian und Gewürze vermengen und je zwei Melanzanischeiben damit füllen. | Die Päckchen panieren und im Rapsöl goldgelb ausbacken.

Avocadodip

Die Avocados halbieren und das Fleisch aus den Schalen lösen. | Das Avocadofleisch nun mit Chili, Salz, Kreuzkümmel, geriebener Limettenschale und Limettensaft mixen und als Dip zu den Melanzani reichen.

 TIPP Wenn man die Melanzanischeiben auf diese Weise im Ofen backt, benötigt man viel weniger Öl als beim Braten in der Pfanne. Kreuzkümmel wird auch Kumin oder Mutterkümmel genannt. Wer den Geschmack nicht mag, kann auch gemahlenen Koriander verwenden.

Gratin von Kirschen
mit Topfen-Kirschmousse

ZUTATEN:

Gratin

- 200 g Herzkirschen, halbiert, entsteint
- 1 EL Kirschlikör
- 8 Biskotten (Löffelbiskuit)
- 8 EL Topfen
- 2 Eidotter
- 1 TL Kartoffelstärke
- 1 EL Staubzucker
- Vanille, gemahlen
- geriebene Zitronenschale

Topfen-Kirschmousse

- 125 g Topfen
- 2 Blatt Gelatine, eingeweicht
- 1 EL Kirschmarmelade
- 2 EL Obers, geschlagen

ZUBEREITUNG:

Gratin

Die halbierten Biskotten in vier Suppenteller legen und mit dem Kirschlikör beträufeln. | Nun die Kirschen darauf verteilen. | Den Topfen mit Dottern, Stärke, Vanille, Zitronenabrieb und Staubzucker glattrühren und auf die Kirschen streichen. | Die Teller bei Grillfunktion im Ofen hellbraun überbacken.

Topfen-Kirschmousse

Die Gelatine im Topf erwärmen und auflösen. | Nun einen Esslöffel Topfen zugeben und glattrühren. | Den restlichen Topfen in einer Schüssel mit der Marmelade glattrühren, die Gelatine-Topfenmasse einrühren und das Obers unterheben. | Das Mousse zwei Stunden kühlen. | Mit einem Suppenlöffel Nocken abstechen, auf das warme Gratin geben und sofort servieren.

> **TIPP** Die Nocken werden besonders schön, wenn man den Löffel zuerst in heißes Wasser taucht. Die Kirschmarmelade sollte wenig Zucker haben. Alternativ Fruchtaufstrich aus Kirschen verwenden. Dieser ist in Bioläden erhältlich und enthält deutlich weniger Zucker als Marmelade.

Offene Lasagne
mit Tomaten und Mozzarella

ZUTATEN:

Nudelblätter

200 g Mehl, griffig

100 g Hartweizengrieß

3 Eier

Salz

Basilikumöl

1 Bund Basilikum

2 EL Olivenöl

Salz

Füllung

250 g Kirschtomaten, geviertelt

1 EL Olivenöl

2 Mozzarellakugeln, in feine Scheiben geschnitten

Salz, Pfeffer aus der Mühle

TIPP | Anstelle der selber gemachten Nudelblätter können auch fertige Lasagneblätter verwendet werden.

ZUBEREITUNG:

Nudelblätter

Mehl, Grieß, Salz und Eier rasch zu einem Teig verkneten und 30 Minuten ruhen lassen. | Dann den Teig dünn ausrollen, in Quadrate von ca. acht Zentimetern schneiden. | In leicht gesalzenem Wasser bissfest kochen.

Füllung

Die Kirschtomaten mit dem Olivenöl drei bis vier Minuten dünsten und pikant abschmecken. | Nun auf den Tellern abwechselnd Nudelblätter, Tomaten und Mozzarella anrichten. | Die Teller mit der angerichteten Lasagne noch drei Minuten im Ofen bei 180 Grad erhitzen.

Basilikumöl

Basilikum, Olivenöl und etwas Salz sehr fein mixen und über die heiße Lasagne träufeln. | Sofort servieren.

Salat von Avocado,
Datteltomate und Löwenzahn mit Maisblinis

Salat

- 2 Avocados
- 8 Datteltomaten, gelb und rot
- 1 Handvoll gelbe Löwenzahnblätter
- 2 EL Olivenöl
- 2 Limetten, Saft und Abrieb
- Salz, Chili, fein gehackt, Macis (Muskatblüte)

Maisblinis (8 Stück)

- ¼ Tasse Milch
- 1 Eidotter
- 3 EL Dinkelvollkornmehl
- 2 EL Maiskörner, vom frischen Kolben geschabt
- 1 Eiklar, steif geschlagen
- 1 TL Olivenöl

ZUBEREITUNG:

Salat

Die Avocadohälften aus der Schale lösen und in Spalten schneiden. | Die Tomaten vierteln und den Löwenzahn putzen. | Die Avocados mit den Datteltomaten und dem Löwenzahn anrichten. | Aus Olivenöl, Limettensaft, Limettenschale, Chili, Honig und Salz ein homogenes Dressing rühren und den Salat damit beträufeln.

Maisblinis

Dotter, Milch und Mehl zu einem glatten Teig rühren. | Diesen dann mit den Maiskörnern sehr fein mixen. | Den Eischnee unterheben und pikant würzen. | In einer Pfanne mit sehr wenig Olivenöl acht kleine Blinis von beiden Seiten goldgelb backen und mit dem Salat servieren.

TIPP Avocado ist reich an Omega-6-Fettsäuren und unterstützt damit den Zellaufbau, die Energiebereitstellung und den Aufbau wichtiger Gewebshormone. Ihr hoher Gehalt an Vitamin E schützt die Zellen ebenso wie die vielen Pflanzenstoffe der Wildkräuter. Anstelle der länglichen Datteltomaten können auch gängige Kirschtomaten verwendet werden.

Tomatenbrioche
mit Rucola-Aufstrich

ZUTATEN:

Tomatenbrioche

½ kg Dinkelvollkornmehl

1 Würfel frischer Germ (42 g)

½ Tasse Milch

2 EL Honig

125 g Butter

Salz

6 Eidotter

4 EL getrocknete Tomaten, fein gehackt

Rucola-Aufstrich

200 g Seidentofu

1 Bund Rucola

1 EL Olivenöl

Salz, Macis (Muskatblüte)

Zitrone

ZUBEREITUNG:

Tomatenbrioche

Das Mehl in eine Schüssel geben. | Die Germ in der warmen Milch auflösen und zusammen mit Honig, zerlassener Butter, Salz und den Eidottern zum Mehl geben. | Einen seidigen Teig daraus kneten. Zum Schluss die getrockneten Tomaten einarbeiten. | Den Teig warm gehen lassen, bis er sein Volumen verdoppelt hat. | Noch einmal durchkneten und in eine gefettete Form geben. | Darin 20 Minuten gehen lassen und dann bei 180 Grad Celsius 45 Minuten backen.

Rucola-Aufstrich

Den Seidentofu mit dem gewaschenen Rucola, dem Olivenöl, den Gewürzen sowie geriebener Zitronenschale und etwas Zitronensaft fein pürieren. | Zum aufgeschnittenen Tomatenbrioche reichen.

TIPP | Anstelle des frischen Germs kann auch Trockenhefe verwendet werden. Den sehr geschmeidigen Seidentofu kann man auch durch Topfen ersetzen. In Öl eingelegte getrocknete Tomaten eignen sich besonders gut für den Brioche.

August

Wasserwesen Mensch

Für unsere Gesundheit und unser Wohlbefinden ist es entscheidend, ausreichend reines Wasser von guter Qualität zu trinken. Stellen Sie sich einen schönen Krug, ein besonderes Glas oder eine Flasche Wasser in Ihren Sichtbereich. Wenn Sie es sehen, werden Sie Wasser auch bewusst trinken.

> **In jedem Tropfen Quellwasser sind mehr Kräfte vorhanden, als ein mittleres Kraftwerk der Gegenwart zu erzeugen vermag."**
>
> *Viktor Schauberger*

Paprikaschoten
mit Quinoafülle

ZUTATEN:

Tomatensauce

- ½ Zwiebel, gewürfelt
- 1 EL Olivenöl
- 1 EL Tomatenmark
- 10 Tomaten, gewürfelt
- Lavendel, gehackt, Salz, Pfeffer aus der Mühle
- 1 TL Stärke
- 1 EL Knoblauchpaste (siehe geschmorter Chicorée S. 46)

Paprika

- je 4 Minipaprika rot, gelb, grün
- 1 Tasse Quinoa, heiß abgespült
- ½ Zwiebel, fein gewürfelt
- 1 EL Olivenöl
- 1 EL Knoblauchpaste
- 2 Tassen Gemüsebrühe
- 2 EL Petersilie, gehackt
- Salz

VEGAN

ZUBEREITUNG:

Tomatensauce

Die Zwiebeln im Olivenöl anschwitzen, Tomatenmark und Tomatenwürfel zugeben und zehn Minuten köcheln lassen. | Dann sehr fein mixen, Lavendel zugeben und kräftig abschmecken. | Mit etwas Stärke leicht binden.

Paprika

Von den Paprika die Deckel abschneiden und die Samenkörner entfernen. | Die Zwiebeln im Olivenöl anschwitzen, dann Knoblauchpaste und Quinoa zufügen und mit der Brühe aufgießen. | Weich kochen und dabei öfters umrühren. | Nun abschmecken und die Petersilie unterheben. | Quinoa in die Paprika einfüllen und diese in eine feuerfeste Form stellen. | Die Tomatensauce angießen und alles im Ofen bei 160 Grad Celsius Heißluft 25 Minuten garen. | Die Paprika anrichten und mit der Sauce umgießen.

TIPP Quinoa bekommt man im gut sortierten Supermarkt oder im Bioladen. Wichtig ist das heiße Abspülen vor dem Kochen, um die bitter schmeckenden Saponine abzuspülen. Anstelle von Lavendel kann auch Thymian oder Zitronenthymian verwendet werden.

Gerstenrisotto mit Fetthenne
und Pfeffer-Kornelkirschenchutney

ZUTATEN:

Pfeffer-Kornelkirschenchutney

- ¼ kg Kornelkirschen, entsteint
- 1 Tasse Rotwein
- 1 EL Ingwer, fein gewürfelt
- 1 Zimtstange, 2 Sternanis
- 1 EL grüner Pfeffer in Lake
- 2 EL Orangenschale, gehackt
- 2 EL Rosinen
- 3 EL Rohrohrzucker

Gerstenrisotto

VEGAN

- ½ Zwiebel, fein gewürfelt
- 1 EL Rapsöl
- 1 EL Knoblauchpaste
(siehe Geschmorter Chicorée S. 46)
- 2 Tassen Vollkorngerste
- ½ Tasse Weißwein, trocken
- 1 l Gemüsebrühe
- 200 g Weiße Fetthenne, gehackt
- Salz, Cayennepfeffer

ZUBEREITUNG:

Pfeffer-Kornelkirschenchutney

Die Kornelkirschen mit dem Ingwer, den Rosinen und den Gewürzen im Rotwein ca. 40 Minuten köcheln lassen, bis der Sud eingedickt ist. | Nun Zimt und Sternanis entfernen und das Chutney heiß in Einmachgläser abfüllen. | Zwei Wochen ziehen lassen.

Gerstenrisotto

Die Zwiebeln im Topf anschwitzen, dann die Gerste zugeben und mit anschwitzen, bis sie glasig ist. | Nun Knoblauchpaste zugeben, mit dem Weißwein ablöschen und nach und nach mit heißer Brühe angießen. | Die Gerste vorsichtig umrühren, damit sich nichts am Boden ansetzen kann. | Wenn das Korn bissfest ist, die Fetthenne zugeben und mit Salz und Cayennepfeffer abschmecken.

TIPP | Wer keine Kornelkirschen im Garten hat, kann auch Herzkirschen verwenden. Die Fetthenne kann aus dem eigenen Garten verwendet werden, man findet sie aber auch an steinigen Wegrändern in der Natur. | Auch Gerstengraupen können verwendet werden. Diese haben eine geringere Kochzeit als Vollkorngerste, sind aber nicht so vollwertig.

Gurkenkaltschale
mit gelierter Gazpacho

Gurkenkaltschale

- 2 Gurken, geschält
- 2 Becher Naturjoghurt
- 1 EL Knoblauchpaste (Rezept siehe geschmorter Chicorée S.46)
- Salz, Cayennepfeffer, frischer Dill, gehackt

Gelierte Gazpacho

- ½ Zwiebel, fein gewürfelt
- 1 TL Olivenöl
- 10 Kirschtomaten
- 1 EL Knoblauchpaste
- Salz, Chili, gehackt
- 3 Blatt Gelatine, eingeweicht
- ½ Paprika, rot, geschält, fein gewürfelt
- ¼ Salatgurke, geschält, fein gewürfelt

ZUBEREITUNG:

Gurkenkaltschale

Die Gurken halbieren und entkernen. Nun mit dem Joghurt und der Knoblauchpaste sehr fein mixen und mit Salz, Cayennepfeffer und Dill abschmecken. | Die Suppe kühlen und vor dem Servieren luftig aufmixen.

Gelierte Gazpacho

Die Zwiebeln im Olivenöl anschwitzen, dann die Tomaten zugeben und zehn Minuten dünsten. | Nun fein mixen und durch ein Sieb streichen. | Die Gelatine im heißen Tomatenfond auflösen und sehr pikant abschmecken. | Die Gemüsewürfel in vier Förmchen oder Tassen einstreuen und mit dem etwas abgekühlten Tomatenfond aufgießen. | Nun im Kühlschrank stocken lassen. | Dann stürzen und in die angerichtete Suppe als Einlage geben. | Die Suppe mit Knoblauchbaguette servieren.

TIPP | Gazpacho ist ein spanisches Nationalgericht, das kalt serviert wird. Wenn es schnell gehen soll, anstelle des Tomatenfonds Tomatensaft verwenden. Damit sich die Gazpacho gut stürzen lässt, die Förmchen vorher sehr kalt ausspülen und vor dem Stürzen in heißes Wasser tauchen.

Soufflée von der Kerbelrübe
mit glasierten Buschbohnen und Tomaten

ZUTATEN:

Soufflée

| 80 ml Milch
| 1½ EL Maizena (Maisstärke) oder andere Stärke
| 1 EL Butter
| 3 Eier, getrennt
| 125 g Topfen
| 150 g Kerbelrüben
| 25 g Mehl
| 1 EL Zucker
| Salz, Koriander, gemahlen, Cayennepfeffer
| 4 Förmchen oder Tassen mit 4 cm Durchmesser

Buschbohnen

| 300 g Buschbohnen, geputzt, in Stücke geschnitten
| ½ Zwiebel, fein gewürfelt
| 1 EL Olivenöl
| 2 Knoblauchzehen, fein gehackt
| Salz, Bohnenkraut
| ½ Tasse Gemüsebrühe

Tomaten

| ½ St. Zwiebel, fein gewürfelt
| 1 Knoblauchzehe, fein gehackt
| 10 Kirschtomaten, geviertelt
| Salz, Chili, gehackt

ZUBEREITUNG:

Soufflée

Die Kerbelrüben schälen, würfeln und sehr weich dämpfen. | Dann pürieren und durch ein Sieb streichen. | Die Milch mit der Stärke und dem Kerbelpüree verrühren, leicht erwärmen und die Butter zugeben. | Die Mischung abkühlen lassen und anschließend die Dotter sowie den Topfen zugeben. | Die Eiklar zu steifem Schnee schlagen, Mehl und Zucker einrieseln lassen und kurz weiter aufschlagen. | Den Schnee unter die Rübenmasse heben, abschmecken und drei Viertel hoch in die gebutterten und bemehlten Förmchen oder Tassen füllen. | Diese im Dampfgarer bei 100 Grad Celsius ca. 25 Minuten garen.

Buschbohnen

Die Zwiebeln im Olivenöl anschwitzen. | Nun Knoblauch, Bohnen und Bohnenkraut zugeben und mit der Brühe bissfest dünsten. | Dann mit Salz fein abschmecken.

Tomaten

Die Zwiebeln anschwitzen, Tomaten und Knoblauch zugeben und zwei bis drei Minuten dünsten. | Nun mit den Buschbohnen vermischen und mit den gestürzten Soufflés anrichten.

TIPP | Das Soufflé kann auch im Ofen im Wasserbad bei 160 Grad Celsius 25 Minuten gebacken werden. Die Bohnen unbedingt sehr weich garen. Unverträgliche Inhaltsstoffe werden so abgebaut.

Trifle
von Marille, Chili und Joghurt

ZUTATEN:

Trifle

- 8 Marillen, entsteint, geviertelt
- 2 EL Marillenlikör
- 1 Zitrone, Schale und Saft
- 2 Becher Naturjoghurt
- 2 EL Honig
- 1 Limette, Abrieb und Saft
- etwas Chili, gehackt
- 4 EL Marillenmarmelade, Melisse

ZUBEREITUNG:

Trifle

Die Marillen mit Zitrone, geriebener Zitronenschale, Chili und dem Likör 20 Minuten marinieren. | Joghurt mit Honig, Limettensaft und Limettenschale glattrühren. | Dann Marillen und Joghurt schichtweise in vier Gläser füllen und oben mit Marillenmarmelade und Melisse garnieren.

TIPP Anstelle von Marillenlikör kann auch Marillensaft verwendet werden. Der Honig sollte dünnflüssig sein, damit er besser verarbeitet werden kann.

Wildkräuterroulade
mit Paprika

ZUTATEN:

Wildkräuterroulade

- 2 Handvoll Wildkräuter (Brennnessel, Günsel, Schafgarbe, Spitzwegerich, Gundelrebe etc.)
- 1 TL Olivenöl
- 50 g Butter
- 50 g Dinkelvollkornmehl
- 200 ml Milch
- Salz, Macis (Muskatblüte)
- 3 Eidotter
- 3 Eiklar, steif geschlagen

TIPP Die Wildkräuter nach Verfügbarkeit und Geschmack variieren.

Fülle

- 1 Paprika, rot, gewürfelt
- 10 Kirschtomaten, geviertelt
- 1–2 TL Kartoffelstärke
- Salz, Paprika edelsüß, Chili, gehackt

Gelbe Paprikasauce

- 1 Paprika, gelb, gewürfelt
- ½ Zwiebel, fein gewürfelt
- 1 TL Olivenöl
- ½ Tasse Gemüsebrühe
- Salz, Curry, Limette
- ½ Paprika, rot, geschält, fein gewürfelt

ZUBEREITUNG:

Wildkräuterroulade

Die Wildkräuter im Öl anschwitzen, bis sie trocken sind, dann hacken. | Die Butter zerlassen, das Mehl einrieseln lassen und verrühren. | Nun mit der Milch aufgießen, glattrühren und leicht köcheln lassen. | Dann kräftig würzen und abkühlen lassen. | Die Dotter sowie die Wildkräuter unterrühren und den Eischnee unterheben. | Die Masse auf ein mit Backpapier ausgelegtes Blech streichen und bei 190 Grad Celsius backen. | Auf eine Arbeitsfläche stürzen, das Papier abziehen und eng einrollen. | Dann mit einem feuchten Tuch abdecken.

Fülle

Paprika und Kirschtomaten sehr fein mixen und durch ein Sieb streichen. | Dann um ein Drittel einkochen lassen, pikant mit Salz, Paprika und Chili abschmecken und mit der angerührten Stärke binden, bis die Masse sehr dick ist. | Nun die Roulade wieder entrollen, mit der abgekühlten Masse bestreichen und wie eine Biskuitroulade einrollen.

Gelbe Paprikasauce

Die Zwiebeln mit den gelben Paprikawürfeln anschwitzen und mit der Brühe sehr weich kochen. | Mixen, ev. durch ein Sieb streichen und abschmecken. | Die roten Paprikawürfel in etwas Öl anschwitzen. | Die Sauce anrichten und die roten Paprikawürfel einstreuen. | Die Roulade aufschneiden, im Ofen bei 160 Grad Celsius erwärmen und auf der Sauce anrichten.

September

Mmmhhh - Naschkatzen aufgepasst!

Jetzt Früchte und Gemüse trocknen und einkochen. Im Herbst bricht die Erntezeit an, und Sie können viele köstliche Früchte natürlich haltbar machen. Wenn Sie das Obst trocknen, haben Sie noch lange nach der Ernte einen Genuss. Außerdem ist Trockenobst eine gesunde Alternative für Naschkatzen.

> Wenn ich wüsste, dass morgen die Welt untergeht, würde ich heute noch ein Apfelbäumchen pflanzen.
>
> *Martin Luther*

Artischockenboden
mit Tomatenmousse

Tomatenmousse

- 10 Kirschtomaten, geviertelt
- ½ Zwiebel, fein gewürfelt
- 2 Knoblauchzehen, fein gehackt
- 1 EL Olivenöl
- Salz, Chili, gehackt
- 2 Blatt Gelatine
- ½ Becher Obers, geschlagen

Artischocken

- 4 Artischocken
- 2 EL Olivenöl
- Salz, Pfeffer aus der Mühle, Thymian, gehackt
- 1 EL Knoblauchpaste (Rezept: siehe geschmorter Chicorée S. 46)

Garniturempfehlung
diverse Kressesorten

Tomatenmousse

Die Zwiebeln im Olivenöl anschwitzen, Knoblauch und Tomaten zugeben und zehn Minuten köcheln lassen. | Danach fein mixen, abschmecken und durch ein Sieb streichen. | Auf 200 Milliliter einkochen und die eingeweichte Gelatine einrühren. | Dann kaltrühren und kräftig abschmecken. | Nun das Obers unterheben und zwei Stunden kühlen.

Artischocken

Von den Artischocken den Stiel abbrechen. | In leicht gesalzenem Wasser kochen, bis sich die äußeren Blätter leicht lösen lassen. | Die Artischocken von allen Blättern und dem Stroh befreien. | Olivenöl mit Salz, Pfeffer aus der Mühle, Thymian und Knoblauchpaste verrühren und die Artischockenböden damit zwei Stunden marinieren. | Nun die Artischockenböden auf einem Beet aus Kresse anrichten, die Marinade über die Kresse träufeln und auf die Böden jeweils eine Nocke Tomatenmousse setzen. | Mit Olivenciabatta sofort servieren.

TIPP Mit einem heißen Suppenlöffel lassen sich bestens Nocken ausstechen. Die Frische der Artischocken erkennt man am festen Stiel und den festen Blattspitzen. Artischocken sind außen sehr bitter, daher nach dem Putzen die Hände mit Zitrone reinigen.

Buchweizenpalatschinken
mit Marmeladen

ZUTATEN:

Buchweizenpalatschinken

- 4 EL Vollkorndinkelmehl
- 2 EL Buchweizenmehl
- 1 Ei
- ½ Tasse Dinkeldrink
- 1 TL Zucker
- 1 Prise Salz
- Rapsöl zum Backen

Marillenmarmelade

- 500 g Marillen, entsteint, gewürfelt
- 500 g Gelierzucker 1:1
- Zitronenschale und -saft
- Vanille, gemahlen
- 2 EL Rum

Himbeermarmelade

- 500 g Himbeeren
- 250 g Gelierzucker 2:1
- Limettensaft und Schale

ZUBEREITUNG:

Buchweizenpalatschinken

Die Mehle mit dem Ei und dem Dinkeldrink glattrühren, Zucker und Salz zugeben und 30 Minuten ruhen lassen. | Nun sehr dünne Palatschinken backen, mit Marmelade füllen und einrollen oder wie Crêpes einschlagen.

Marillenmarmelade

Die Marillen mit dem Zucker, Zitronensaft, Zitronenabrieb und Vanille sechs bis acht Minuten kochen. | In sterile Gläser füllen, mit Rum beträufeln und diesen abbrennen. | Dann die Gläser sofort verschließen und lagern.

Himbeermarmelade

Die Früchte mit Limette und Zucker fünf Minuten kochen, durch ein Sieb streichen und in sterile Gläser füllen.

TIPP Der Palatschinkenteig lässt sich auch ohne Ei zubereiten, ist dann aber etwas brüchiger.

Herbstlicher Pilawreis

ZUTATEN:

Pilawreis

| 1 EL Olivenöl
| ½ Zwiebel, fein gewürfelt
| 1 Karotte, fein gewürfelt
| 1 Pastinake, fein gewürfelt
| ¼ Stange Porree, fein gewürfelt
| Salz, Thymian, gehackt
| 1 EL Petersilie, fein gehackt
| 2 Tassen Langkornreis
| 4 Tassen Gemüsebrühe, heiß

ZUBEREITUNG:

Pilawreis

Die Zwiebeln in Olivenöl anschwitzen. | Die anderen Gemüse zugeben und kurz mit anschwitzen. | Thymian zugeben und mit der Brühe aufgießen. | Dann aufkochen und zugedeckt im Ofen bei 160 Grad Celsius ca. 25 Minuten fertig garen. | Anschließend aus dem Ofen nehmen, mit einer Gabel auflockern und abschmecken. | Mit der Petersilie vollenden und als Beilage oder Hauptspeise servieren.

TIPP | Wenn Vollkornreis verwendet wird, erhöht sich der Flüssigkeitsanteil um eine Tasse und die Garzeit auf ca. 45 Minuten. Das Gemüse kann variieren – Paprika und Tomaten im Sommer, Rübenarten im Herbst und Winter, Wildkräuter im Frühling und Sommer.

Kürbis-Erdäpfelrösti
mit Rahm-Kohlsprossen

ZUTATEN:

Rösti

| 4 große Erdäpfel
| 400 g Kürbis (Muskat,
| Schlangenkübis etc.)
| Salz, Macis (Muskatblüte)
| 2 EL Butterschmalz

Rahmkohlsprossen

| 600 g Kohlsprossen, geviertelt
| 1 Tasse Gemüsebrühe
| ½ Becher Obers
| Salz, Muskat

ZUBEREITUNG:

Rösti

Die Erdäpfel am Vortag halb fertig kochen. | Am nächsten Tag schälen und grob raspeln. | Den Kürbis ebenfalls raspeln und mit den Erdäpfeln vermengen. | Mit Salz und Macis abschmecken und Rösti formen. | Eine Pfanne erhitzen und die Rösti in wenig Butterschmalz von beiden Seiten anbraten. | Dann im Ofen bei 180 Grad Celsius sieben bis acht Minuten fertig backen.

Rahmkohlsprossen

Die Kohlsprossen in der Brühe bissfest dünsten. | Das Obers zugeben und noch drei bis vier Minuten weiterdünsten. | Mit Salz und Muskat abschmecken und sofort mit den Rösti anrichten.

TIPP | Als Variante können auch Puffer zubereitet werden – dazu die Erdäpfel schälen, roh raspeln und ausdrücken. Die Flüssigkeit kurz stehen lassen, bis sich die Stärke absetzt, dann vorsichtig das Wasser weggeben und die verbleibende Erdäpfelstärke unter die Masse rühren. Mit Kürbisraspeln und zwei Eidottern vermengen und die Puffer in wenig Butterschmalz backen.

Marinierter Portulak
mit Polentatalern und Quittenchutney

ZUTATEN:

Polentataler

- 1 Tasse Milch
- 1 Tasse Obers
- ½ Tasse Polentagrieß
- 1 EL Butter
- 2 Eidotter
- Salz, Muskat

Portulak

- 100 g Portulak
- 1 EL Walnussöl oder Haselnussöl
- 1 EL Sonnenblumenöl
- 1 TL Apfelessig
- Salz, Koriander, gemahlen

Quitten-Chutney

- 3 Quitten (Apfel- oder Birnenquitte), gewürfelt
- 1 Tasse Apfelsaft
- 1 EL Ingwer, fein gewürfelt
- ½ Tasse Rosinen
- 1 Limette, Abrieb und Saft
- 1 Tasse Rohrohrzucker
- Chili, gehackt, Lorbeerblatt, Salz

TIPP Portulak bekommt man im gut sortierten Gemüsegeschäft oder im Bioladen. Portulak kann man auch in der Natur sammeln.

ZUBEREITUNG:

Polentataler

Milch, Obers und Butter mit Salz und etwas Muskat aufkochen. | Nun den Polentagrieß einrieseln lassen und die Masse köcheln lassen, bis sie sich vom Boden löst. | In eine Schüssel geben und die Dotter unterheben. | Die Masse in Pergament zu einer Rolle formen und kühlstellen. | Dann Scheiben abschneiden und ohne Fett in einer beschichteten Pfanne von beiden Seiten goldgelb braten.

Portulak

Den Portulak waschen und trocknen. | Die Öle mit dem Essig und den Gewürzen verrühren und den Portulak damit marinieren.

Quittenchutney

Die Quitten mit dem Apfelsaft und den übrigen Zutaten aufkochen. | Ca. eine halbe Stunde köcheln lassen, bis die Quitten weich sind. | Nun das Lorbeerblatt entfernen und das Chutney in sterile Gläser füllen und kühlen.

Vanillepalatschinken
mit Zwetschken-Pistazien-Mus

ZUTATEN:

Zwetschken-Pistazien-Mus

¼ kg Zwetschken, entsteint, gewürfelt

2 EL Gelierzucker 1:1

1 EL Rohrohrzucker

1 EL Pistazien, gehackt

etwas Lebkuchengewürz

Vanillepalatschinken

1 Eidotter

1 Ei

1 Tasse Milch

½ Tasse Dinkelvollkornmehl

1 EL Butter, zerlassen

1 EL Zucker

1 Prise Salz, Vanille, gemahlen

ZUBEREITUNG:

Zwetschken-Pistazien-Mus

Die Zwetschen mit dem Zucker dick einkochen, dann mit Lebkuchengewürz abschmecken und die Pistazien unterrühren. | Sofort in sterile Gläser füllen und kühlen.

Vanillepalatschinken

Dotter, Ei, Butter, Mehl, Milch, Zucker, Vanille und Salz glattrühren und 20 Minuten ruhen lassen. | Dann mit sehr wenig Butter in einer heißen Palatschinkenpfanne dünne Palatschinken backen und mit dem Mus servieren.

TIPP | Beschichtete Pfannen nach Gebrauch nur mit einem Küchenpapier ausreiben – nie waschen. Gemahlene Vanille bekommt man im Bioladen.

Oktober

Gewürze und Kräuter -
des Herrgotts Apotheke in der Küche

Gewürze und Kräuter gehören zweifellos zu den schönsten Nebensachen der Welt. Verwenden Sie duftende Küchenhilfen ruhig üppig, sie sind kulinarisch und für die Gesundheit von höchster Bedeutung. Sie verzaubern das Essen, verfeinern den Geschmack und sorgen für körperliches Wohlbefinden. Schon die Menschen der Frühzeit haben sie als Genuss-, aber auch als Heilmittel verwendet.

> **Alle Wiesen und Matten, alle Berge und Hügel sind Apotheken."**
> *Paracelsus*

Amarantlaibchen
mit Karotten-Selleriegemüse

Laibchen

½ Zwiebel, fein gewürfelt

2 Knoblauchzehen, fein gehackt

1 Tasse Amarant

3 Tassen Gemüsebrühe

2 EL Amarant, gepoppt

½ Tasse Dinkelgrieß

2 Eidotter

Salz, Pfeffer aus der Mühle, Koriander, gemahlen, Petersilie, gehackt

1 EL Rapsöl

Gemüse

2 große Karotten, in Stifte geschnitten

½ Stangensellerie, in Stifte geschnitten

1 EL Olivenöl

2 Tassen Gemüsebrühe

Salz, Curry, Honig, Thymian, gehackt

Selleriegrün, gehackt

ZUBEREITUNG:

Laibchen

Die Zwiebeln im Olivenöl anschwitzen und mit der Brühe aufgießen. | Die Brühe aufkochen und den Amarant einrieseln lassen. | Den Amarant eine Stunde weich kochen, dann den Grieß und den gepoppten Amarant einstreuen. | Den Knoblauch zugeben und unter Rühren vier bis fünf Minuten köcheln lassen. | Vom Herd nehmen, die Dotter einrühren und mit Salz, Pfeffer, Koriander und Petersilie abschmecken. | Wenn die Masse abgekühlt ist, kleine Laibchen formen und in sehr wenig Rapsöl von beiden Seiten hellbraun anbraten. | Nun im Rohr 15 Minuten bei 160 Grad Celsius fertig backen.

Gemüse

Die Karotten und den Sellerie anschwitzen und mit der Brühe bissfest dünsten. | Mit Thymian, Honig, Salz und Curry abschmecken und mit dem gehackten Selleriegrün vollenden.

TIPP

Amarant erhält man im Bioladen oder im gut sortierten Supermarkt. Amarant-Pops sind im Bioladen erhältlich, können aber – wie Popcorn – auch selbst gepoppt werden. Das Selleriekraut gibt dem Gemüse die feine Note. Die Laibchenmasse sollte nach dem Kochen eher fest sein – mit Grieß oder Dinkelmehl auf die passende Konsistenz korrigieren.

Dalken mit Felsenbirnen

ZUTATEN:

Felsenbirnen

- 2 Tassen Felsenbirnen
- 2 Tassen roter Traubensaft
- 1 Vanilleschote, halbiert
- 2 Sternanis
- 1 TL Kartoffelstärke

Dalken

- 1 Becher Sauerrahm
- 2 Eidotter
- 130 g Dinkelmehl
- 2 Eiklar
- Vanille, gemahlen, Zitronenabrieb
- 2 EL Rohrohrzucker
- 1 EL Butterschmalz
- 1 Prise Salz

ZUBEREITUNG:

Felsenbirnen

Die Früchte mit dem Saft und den Gewürzen aufkochen und drei Minuten köcheln lassen. | Nun Sternanis und Vanille entfernen und das Kompott mit der angerührten Stärke binden. | Das Kompott warm oder kalt zu den Dalken servieren.

Dalken

Den Sauerrahm mit Dottern, Mehl, Vanille, Zitronenabrieb und einer Prise Salz glattrühren. | Die Eiklar mit dem Zucker steif schlagen und unterheben. | In einer beschichteten Pfanne die Dalken mit wenig Butterschmalz von beiden Seiten eine halbe bis eine Minute goldgelb backen und sofort mit dem Kompott servieren.

 TIPP Felsenbirnen sind im Geschäft kaum erhältlich, aber in der Natur findet man sie auf steinigen Böden. Es lohnt sich, der bezaubernd blühenden Felsenbirne einen Platz im eigenen Garten zu geben! Anstelle der Felsenbirnen können auch Kornelkirschen, Schlehen oder Holler verwendet werden. Felsenbirnen sollten wegen der enthaltenen Blausäure nicht roh verzehrt werden.

Falsche Bratkartoffeln
mit kleinem Salat

ZUTATEN:

Bratkartoffeln

- 1 Zwiebel, fein gewürfelt
- 3 EL Olivenöl
- 2 Knoblauchzehen, fein gehackt
- 20 Topinambur, geputzt, geschält, in Scheiben geschnitten
- Salz, Pfeffer aus der Mühle
- 2 EL Schnittlauch, grob geschnitten

Salat

- 1 kleiner Radicchio
- 1 Handvoll Vogerlsalat
- ¼ Chinakohl
- 1 Handvoll Wildspinat
- Olivenöl
- Apfelessig
- Salz

VEGAN

ZUBEREITUNG:

Bratkartoffeln

Die Zwiebeln im Olivenöl goldgelb anschwitzen, dann Knoblauch und Topinambur in die Pfanne geben und mitbraten. | Wenn die Topinambur Farbe angenommen haben, einen Esslöffel Olivenöl zugeben und kurz weiterbraten. | Nun kräftig mit Salz und Pfeffer abschmecken und mit dem Schnittlauch bestreut servieren.

Salat

Die Salate putzen, in mundgerechte Stücke zupfen und mit einer Marinade aus Olivenöl, Apfelessig und Salz anrichten.

TIPP | Wer Fruchtzucker schlecht verträgt, sollte mit den inulinhältigen Topinambur eher sparsam umgehen. Die Salate nach Gusto und Verfügbarkeit variieren. Die Verträglichkeit wird verbessert, wenn süßlich-milde mit bitteren Salaten kombiniert werden.

Fenchel-Karottensuppe
mit Pesto

ZUTATEN:

Suppe

- 2 große Karotten, geschält
- 2 kleine Fenchel, geputzt
- 1 EL Olivenöl
- 5 Tassen Gemüsebrühe
- Salz, Kurkuma, Apfelessig

Pesto

- 1 EL Pinienkerne, geröstet
- 1 EL Knoblauchpaste
  (Rezept: siehe Chicorée geschmort S. 46)
- 1 Bund Basilikum
- 1 EL Peccorino, frisch gerieben
- 2 EL Parmesan, frisch gerieben
- 4 EL Olivenöl
- Salz

ZUBEREITUNG:

Suppe

Die Karotten in Scheiben, den Fenchel in Streifen schneiden, das Fenchelkraut hacken. | Die Karotten und den Fenchel im Olivenöl anschwitzen und mit der Brühe weich dünsten. | Mit Salz, Kurkuma, Apfelessig und Fenchelkraut abschmecken und servieren.

Pesto

Alle Zutaten im Mixer oder im Mörser zu einer Paste verarbeiten und zur Suppe reichen.

 TIPP | Pesto hält sich gekühlt einige Wochen. Für Varianten kann Basilikum gegen andere Kräuter wie Giersch oder Gundelrebe getauscht werden. Beim Fenchel auch die Stiele mitverarbeiten.

Hirseauflauf mit eingelegten Kapern
auf Brokkoli-Mandel-Schaum

ZUTATEN:

Hirseauflauf

- 1 Tasse Hirse, heiß abgewaschen
- 2 Tassen Gemüsebrühe
- 3 Eidotter
- 3 Eiklar, steif geschlagen
- ¼ Becher Sauerrahm
- 1 kleiner Fenchel, fein gewürfelt
- 1 EL eingelegte Kapern, fein gehackt
- Salz, Kardamom, gemörsert, Paprika, Zitronenschale

Brokkoli-Mandel-Schaum

- 1 Brokkoli, weich gedünstet
- 150 ml Mandelmilch (oder 60 g Mandeln)
- Salz, Balsamico weiß, Galgantwurzel

Garniturempfehlung
geröstete Mandelblättchen

ZUBEREITUNG:

Hirseauflauf

Die Hirse mit Fenchel und Kardamom in der Gemüsebrühe weich dünsten. | Nun die Dotter sowie den Sauerrahm und die Kapern unterrühren. | Den Eischnee unterheben und abschmecken. | Die Masse in gebutterte und gebröselte Förmchen oder Tassen füllen und im Wasserbad bei 160 Grad Celsius 35 Minuten garen.

Brokkoli-Mandel-Schaum

Für die Mandelmilch die Mandeln überbrühen, schälen, hacken und mit 200 Milliliter Wasser weich kochen. | Dann pürieren und durch ein Sieb streichen. | Den Brokkoli mit der Mandelmilch und etwas frischer, gehackter Galgantwurzel fein aufmixen und mit Salz und etwas weißem Balsamico abschmecken. | Den gestürzten Auflauf mit dem Schaum anrichten und mit gerösteten Mandelblättchen garnieren.

TIPP Hirse liefert reichlich Silizium und unterstützt damit den Kalziumstoffwechsel und den Aufbau von Bindegewebssubstanzen. Mandelmilch ist auch fertig im Bioladen oder Supermarkt erhältlich. Frische Galgantwurzeln sind schwer zu bekommen. Ersatzweise kann natürlich auch Galgantpulver verwendet werden.

Schwarzwurzeln in Petersiliensauce
mit Püree von blauen Erdäpfeln

ZUTATEN:

Schwarzwurzeln

- 12 Schwarzwurzeln, geschält, in Stücke geschnitten
- 1 EL Haselnussöl oder ein anderes nussig schmeckendes Öl
- 1 Tasse Gemüsebrühe
- Salz, Honig

Erdäpfelpüree

- 400 g Trüffelkartoffeln
- 1 Tasse Mandelmilch
- Salz, Macis (Muskatblüte)

Petersiliensauce

- ½ Zwiebel, fein gewürfelt
- 1 Schuss Weißwein
- 1 Tasse Gemüsebrühe
- ¼ Becher Obers
- Salz, Macis, 2 EL Petersilie, gehackt

ZUBEREITUNG:

Schwarzwurzeln

Die Schwarzwurzeln im Haselnussöl anschwitzen und mit der Brühe bissfest dünsten. | Dann mit Salz und Honig abschmecken.

Erdäpfelpüree

Die Erdäpfel in der Schale weich dämpfen, schälen und durch eine Erdäpfelpresse drücken. | Nun mit heißer Mandelmilch verrühren und mit Salz und Macis abschmecken.

Petersiliensauce

Die Zwiebelwürfel anschwitzen, mit dem Weißwein ablöschen und mit der Brühe aufgießen. | Nun um die Hälfte einkochen, das Obers zugeben und wieder um die Hälfte einkochen. | Mit der Petersilie fein mixen. | Die Sauce passieren, abschmecken und mit den Schwarzwurzeln anrichten.

TIPP

Schwarzwurzeln sind im gut sortierten Gemüsefachhandel oder auf Bauernmärkten erhältlich. Da die Schale der Schwarzwurzeln sehr klebt und abfärbt, empfiehlt es sich Handschuhe beim Schälen anzuziehen. Die Schwarzwurzeln nach dem Schneiden rasch zubereiten, da sie schnell braun werden. Das Beträufeln mit Zitrone hilft, beeinflusst aber auch den Geschmack. Auch das Einlegen der geschnittenen Schwarzwurzeln in Milch bewahrt vor der Verfärbung.

November

Gesunder Rhythmus -
der Puls des Lebens

Unser Körper unterliegt einem sehr persönlichen biologischen Rhythmus, der seit jeher in die großen Rhythmen der Natur eingebettet ist.

Regelmäßige Mahlzeiten wie das aktivierende Frühstück, das energiespendende Mittagessen und das regenerierende Abendessen sollen uns als Rituale, als ordnende Struktur in unserem Alltag gut tun. Konsequente Nahrungspausen zwischendurch und idealerweise 14 Stunden Nahrungskarenz zwischen dem Abendessen und dem Frühstück schenken Körper und Geist Regeneration, neue Vitalität und Lebensfreude.

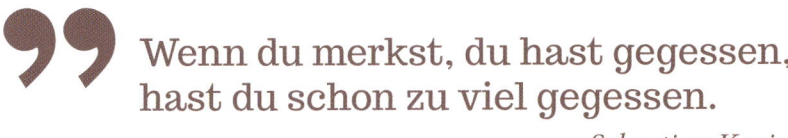

„ Wenn du merkst, du hast gegessen, hast du schon zu viel gegessen.

Sebastian Kneipp

Canneloni
von Schwarzem Rettich und Kressepüree

ZUTATEN:

Rettich
- 1 Schwarzer Rettich, geschält
- 2 EL Haselnussöl oder ein anderes nussig schmeckendes Öl
- 2 EL Honig
- ½ Tasse Gemüsebrühe
- Salz, Brennnesselsamen

Garniturempfehlung
kandierte Krenstreifen,
gehackte Krenblätter

Kressepüree
- 6 große, mehlige Erdäpfel
- ⅛ l Milch
- 1 EL Olivenöl
- 4 EL Kresse
- Macis (Muskatblüte), Salz

Rote-Rüben-Sauce
- 1 Rote Rübe
- ½ Tasse Gemüsebrühe
- Salz, Koriander, frisch gemahlen

ZUBEREITUNG:

Rettich
Den Rettich in dünne Scheiben schneiden. | Diese mit Haselnussöl, Brennnesselsamen und Gemüsebrühe bissfest dünsten und mit Honig und Salz abschmecken.

Kressepüree
Die gekochten, ausgedämpften Erdäpfel schälen und durch eine Erdäpfelpresse drücken. | Das Olivenöl mit der Kresse fein pürieren, zusammen mit der warmen Milch unter das Püree heben und abschmecken. | Nun die Rettichscheiben zu Rollen formen und mit dem Püree füllen. | Dann mit etwas Olivenöl bestreichen und im Ofen bei 160 Grad Celsius kurz erwärmen.

Rote-Rüben-Sauce
Die Rote Rübe in der Schale im Ofen bei 160 Grad Celsius backen oder im Topf kochen. | Anschließend schälen und mit der Gemüsebrühe fein pürieren, durch ein Sieb streichen und abschmecken.

Carpaccio von Roter und Gelber Rübe mit Erbsen-Kren-Püree

ZUTATEN:

Beete

- je 3 Rote und Gelbe Rüben
- 2 EL Olivenöl
- 2 EL Honig
- 1 Tasse Gemüsebrühe
- Salz, Koriander, gemahlen

Erbsen-Kren-Püree

- ¼ kg grüne Erbsen, frisch oder 80 g getrocknet
- ½ Tasse Gemüsebrühe
- ½ Becher Obers
- 2 EL Kren, frisch gerieben
- 1 EL Minze, fein gehackt
- Macis (Muskatblüte), Salz

ZUBEREITUNG:

Rüben

Die Rüben in ca. drei Millimeter dicke Scheiben schneiden. | Diese dann farblich getrennt mit Olivenöl und Gemüsebrühe bissfest dünsten und mit Honig, Koriander und Steinsalz abschmecken.

Kressepüree

Die Erbsen in der Gemüsebrühe weich dünsten, dann zusammen mit der Minze fein pürieren. | Anschließend durch ein Sieb streichen, kräftig abschmecken und mit dem Obers noch einmal aufmixen. | Die Rübenscheiben abwechselnd auflegen, Erbsenpüree dazu arrangieren und servieren.

 TIPP Frische grüne Erbsen eignen sich ebenso wie getrocknete. Getrocknete Erbsen über Nacht in Wasser einweichen. Ob frisch oder getrocknet – in jedem Fall sehr weich kochen. Bei Neigung zu Blähungen vermehrt Anis- oder Dillsamen mitdünsten.

Gebratener Karotten-Chinakohl
mit Hirsebällchen

Karotten-Chinakohl

2 Köpfe Karotten-Chinakohl

Salz, Honig, Curry

2 EL Olivenöl

1 EL Butter

Garniturempfehlung

1 Karotte, in feine Streifen geschnitten, 1 TL Olivenöl, Salz, Honig, Kurkuma, gemahlen

Hirsebällchen

½ Zwiebel, fein gewürfelt

1 EL Olivenöl

½ Tasse Goldhirse, heiß abgespült

1 Tasse Gemüsebrühe

Salz, Macis (Muskatblüte), Petersilie, gehackt

2 Eidotter

2 EL Braunhirsemehl

Karotten-Chinakohl

Vom Chinakohl die Blätter abzupfen und mit Olivenöl, Butter, Honig, Salz und Curry in einer Pfanne dünsten.

Hirsebällchen

Die Zwiebelwürfelchen im Olivenöl anschwitzen und mit der Brühe auffüllen. | Die Hirse zugeben und unter Rühren weich dünsten. | Abschmecken und vom Herd ziehen. | Die Masse überkühlen lassen, Mehl, Dotter und Petersilie einrühren und kleine Bällchen formen. | Diese in leicht gesalzenem Wasser aufkochen und 15 Minuten ziehen lassen.

Karottenstreifen

Die Karottenstreifen mit Salz, Honig, Olivenöl und Kurkuma in einer Pfanne kurz dünsten. | Die Chinakohlblätter mit dem Dünstfond anrichten. | Die Hirsebällchen zugeben und mit den Karottenstreifen garnieren.

TIPP | Karotten-Chinakohl ist eine neue Züchtung vom Gemüsehof Wild-Obermaier in Niederneukirchen und im gut sortierten Gemüsefachhandel erhältlich. Natürlich kann auch herkömmlicher Chinakohl verwendet werden.

Hirsenudeln
mit Amarantbolognese

VEGAN

ZUTATEN:

Amarant-Bolognese

- 1 Zwiebel, fein gewürfelt
- 4 Knoblauchzehen, fein gehackt
- 2 EL Olivenöl
- 2 EL Tomatenmark
- 300 g Tomaten, klein geschnitten
- 150 g Amarant
- 2 Tassen Gemüsebrühe

Salz, Paprika edelsüß und scharf

Thymian, gehackt, Zitronenabrieb

Nudeln

- 400 g Hirsenudeln

Garniturempfehlung
Bärlauchpesto

ZUBEREITUNG:

Amarant-Bolognese

Die Zwiebeln im Olivenöl anschwitzen, Knoblauch und Tomatenmark zugeben und kurz mitanschwitzen. | Nun die Tomaten, die Gemüsebrühe und den Thymian zugeben, aufkochen und den Amarant einstreuen. | Die Bolognese ca. eine Stunde köcheln lassen, dann pikant mit den beiden Paprikasorten, Salz und Zitronenabrieb abschmecken. | Die Sauce über die Nudeln geben und mit dem Bärlauchpesto servieren. | Nach Bedarf auch noch frisch geriebenen Peccorino oder Parmesan reichen.

Nudeln

Die Hirsenudeln in leicht gesalzenem Wasser bissfest kochen, abgießen und anrichten.

TIPP Amarant liefert reichlich hochwertiges Eiweiß, Mineralien und B-Vitamine. Zudem ist er glutenfrei und daher bei entsprechenden Unverträglichkeiten ebenso geeignet wie in der Sporternährung. Amarant ist in Bioläden oder Reformhäusern erhältlich. Die Amarant-Bolognese schon am Vortag zubereiten, sie eignet sich hervorragend zum Vorkochen.

Scheiterhaufen
mit Quittenkompott

ZUTATEN:

Quittenkompott
- ½ kg Quitten, gewaschen, geschält, geviertelt, entkernt
- ½ l Apfelsaft
- 1 Glas Weißwein
- Vanille, gemahlen, Gewürznelken

Scheiterhaufen
- ⅛ l Milch
- 2 Eier
- 1 EL Honig
- Vanille, gemahlen
- 150 g Brioche, in dünne Scheiben geschnitten
- 2 EL Rosinen
- 1 EL Mandeln, gerieben

ZUBEREITUNG:

Quittenkompott

Die Quitten mit Apfelsaft, Weißwein, Nelken und Vanille aufkochen und bissfest dünsten. | Die Früchte aus dem Sud nehmen und diesen um die Hälfte einreduzieren. | Den eingekochten Sud über die Quitten gießen und mit dem Scheiterhaufen servieren.

Scheiterhaufen

Die Briochescheiben in eine gefettete Auflaufform legen. | Die Milch mit Vanille, Honig und Eiern verquirlen und über die Briochescheiben gießen. | Wenn die Flüssigkeit aufgesaugt ist, die Rosinen zugeben. | Scheiterhaufen in den vorgeheizten Ofen geben und ca. 20 Minuten goldgelb backen.

TIPP | Der Scheiterhaufen kann auch mit altbackenen Semmeln oder altbackenem Weißbrot zubereitet werden. Die Quitten sind im gut sortierten Fachhandel oder im Bioladen erhältlich. Man kann Birnenquitten oder Apfelquitten verwenden.

Sellerieschnitzel
mit gedünstetem Lauch und Püree von eingelegten Tomaten

ZUTATEN:

Sellerieschnitzel
- 1 Sellerieknolle, geschält
- 1 Zitrone, Saft und Abrieb
- 1 EL Dinkelmehl
- 1 Ei
- 6 EL Dinkeltoast, frisch gerieben
- 2 EL Kräuter, gehackt
- 1 EL Senfsamen, frisch gemörsert
- Salz, Koriander, gemahlen
- 2 EL Olivenöl
- 1 EL Butter

Lauch
- 1 Stange Lauch
- ½ Tasse Gemüsebrühe
- Salz, Macis

Tomatenpüree
- ½ Glas Eingelegte Tomaten
- 2 EL Olivenöl
- 1 EL Knoblauchpaste
  (Rezept: siehe geschmorter Chicorée)
- 1 TL Thymian, gehackt

ZUBEREITUNG:

Sellerieschnitzel
Die Selleriescheiben in leicht gesalzenem Wasser mit Zitronensaft acht bis zehn Minuten bissfest kochen. | Nun abtrocknen und mit Mehl, Ei und einer Mischung aus Dinkeltoast, Kräutern und Senfsamen panieren. | Die Schnitzel in einer Pfanne mit Olivenöl und Butter von beiden Seiten drei Minuten goldgelb braten.

Lauch
Den Lauch in ca. zehn Zentimeter lange Stücke schneiden, halbieren und in der Brühe weich dünsten. | Dann abschmecken und mit den Sellerieschnitzeln anrichten.

Tomatenpüree
Alle Zutaten sehr fein pürieren, abschmecken und mitanrichten. | Dann abschmecken und mit den Sellerieschnitzeln anrichten.

TIPP | Der Selleriesud kann man wunderbar als Suppenbrühe verwenden. Am besten lassen sich die Senfkörner in einer Kaffeemühle oder im Steinmörser zerkleinern.

Dezember

Erfülltes Leben - Genusszeit

Das kostbarste Geschenk für sich selbst und auch für seine Lieben ist Zeit. Zeit zum Genießen, sich gegenseitig Aufmerksamkeit schenken und gemeinsam Zeit verbringen. Überraschen Sie alleinstehende oder alte Freunde mit einem lange fälligen Besuch. Bringen Sie Selbstgebackenes mit, und schenken Sie Genusszeit bei einer gemeinsamen Tasse Tee. Die wertvollsten Geschenke sind immer die, bei denen der Mensch im Mittelpunkt steht.

„ Wer nicht genießt wird ungenießbar!

Johann Wolfgang von Goethe

Gelee und Creme vom Apfel

Gelee

- 2 säuerliche Äpfel
- Zimt, Nelke, Sternanis, Honig
- ½ Tasse Apfelsaft
- 2 Blatt Gelatine

Creme

- 2 süßliche Äpfel
- Zimt, Nelke, Sternanis
- 2 Eidotter
- ½ Becher Obers
- 2 Eiklar
- 2 EL Rohrohrzucker
- Vanille, gemahlen
- 2 Blatt Gelatine

Sauce

- 100 g Granatapfelfleisch, säuerlich, Grenadine
- 2 EL Honig
- etwas Stärke, etwas Rum

Gelee

Die Äpfel mit den Gewürzen im Ofen bei 140 Grad Celsius bissfest backen. | Die Gewürze entfernen, die Äpfel schälen und fein würfeln. | Den Apfelsaft mit der eingeweichten Gelatine binden und abschmecken. | Die Apfelwürfel und die Flüssigkeit in Förmchen füllen und gekühlt stocken lassen.

Creme

Die Äpfel wie oben beschrieben backen. | Die sehr weichen Äpfel durch ein Sieb streichen. | Dann das Obers mit der Vanille erhitzen und mit den Dottern über Dampf heiß aufschlagen (85 Grad Celsius). | Das Apfelpüree und die eingeweichte Gelatine einrühren, abkühlen lassen und zum Schluss die mit Zucker steif geschlagenen Eiklar unterheben. | Die Masse in Förmchen füllen und kühlen.

Granatapfelsauce

Das Granatapfelfleisch mit etwas Grenadine mixen und passieren. | Mit der angerührten Stärke erhitzen und somit leicht binden. | Mit Honig abschmecken und abkühlen lassen.

Vanillesauce

100 ml Milch

2 Eidotter

1 EL Rohrohrzucker

Vanille, gemahlen

Vanillesauce

Die Milch mit der Vanille erhitzen, über die mit Zucker verrührten Dotter seihen und über Dampf (85 Grad Celsius) aufschlagen. | Rasch kühlen.

Kürbisgulasch
mit Pastinakenpüree

ZUTATEN:

Kürbisgulasch

- 1 kg Kürbis
- 2 EL Rapsöl
- 3 Tassen Gemüsebrühe
- Salz, Cayennepfeffer, Macis (Muskatblüte)
- 1 EL Kartoffelstärke
- 2 EL Kürbiskerne, geröstet

Pastinakenpüree

- 4 Erdäpfel, mehlig kochend
- 4 Pastinaken, geschält, gewürfelt
- 1 EL Haselnussöl oder ein anderes nussig schmeckendes Öl
- 2 Tassen Gemüsebrühe
- 2 EL Olivenöl
- 2 EL Petersilie, gehackt
- Salz, Macis

VEGAN

ZUBEREITUNG:

Kürbisgulasch

Den Kürbis schälen, entkernen und würfeln. | Die Schalen und Kerne mit der Gemüsebrühe 20 Minuten köcheln und abseihen. | Nun die Kürbiswürfel in diesem Sud bissfest kochen. | Dann mit der angerührten Kartoffelstärke leicht binden, kräftig mit Salz, Cayennepfeffer und Macis abschmecken und mit den Kürbiskernen vollenden.

Pastinakenpüree

Die Erdäpfel weich dämpfen, schälen und durch die Erdäpfelpresse drücken. | Die Pastinaken im Haselnussöl anschwitzen und mit der Gemüsebrühe weich dünsten. | Die Pastinaken pürieren und das Erdäpfelpüree einrühren. | Mit Salz, Macis, Petersilie sowie dem Olivenöl verrühren und mit dem Kürbisgulasch anrichten.

TIPP | Dieses Gericht kann mit jedem Winterkürbis zubereitet werden. Anstelle von Pastinaken können auch Petersilienwurzeln verwendet werden.

Linsengemüse
mit gefülltem Wirsing

ZUTATEN:

Linsengemüse

- ½ Zwiebel, fein gewürfelt
- 1 EL Rapsöl
- 2 Karotten, fein gewürfelt
- ¼ Porree, fein gewürfelt
- 4 Tassen Gemüsebrühe
- 2 Tassen rote Linsen
- Salz, Kumin

Wirsing

- 8 große Wirsingblätter
- ½ Karotte, fein gewürfelt
- ½ Gelbe Rübe, fein gewürfelt
- 1 Tasse Naturreis
- 3 Tassen Gemüsebrühe
- Salz, Schnittlauch, fein geschnitten

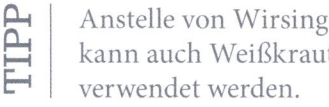

VEGAN

ZUBEREITUNG:

Linsengemüse

Die Zwiebeln im Rapsöl anschwitzen, dann die Gemüse zugeben und mit anschwitzen. | Mit der Gemüsebrühe auffüllen und die Linsen sowie etwas Kumin zugeben. | Die Linsen ca. 15 Minuten weich dünsten und kräftig abschmecken.

Wirsing

Die Wirsingblätter in gesalzenem Wasser bissfest kochen und eiskalt abschrecken. | Den Naturreis mit den Gemüsewürfeln in zwei Tassen Gemüsebrühe weich dünsten. | Die Wirsingblätter mit dem Reis füllen, eng einschlagen und in der Brühe 15 Minuten im Rohr dünsten. | Die Wirsingpackerl aufschneiden und auf dem Linsengemüse servieren.

TIPP | Anstelle von Wirsing kann auch Weißkraut verwendet werden.

Maronipolenta
mit Dirndlkompott

VEGAN

Dirndlkompott

| ¼ kg Kornelkirschen (Dirndl), entsteint
| 2 Tassen Zwetschkensaft
| 1 Zimtstange, 2 Sternanis
| etwas Orangenabrieb
| 2 EL Rohrrohrzucker

Maronipolenta

| 200 g Maroni, geschält, weich geröstet
| 1 Tasse Maisgrieß
| 4 Tassen Reismilch
| 3 EL Honig
| 1 TL Lebkuchengewürz

ZUBEREITUNG:

Dirndlkompott

Den Zwetschkensaft mit Zimtstange und Sternanis sowie dem Orangenabrieb aufkochen und 20 Minuten ziehen lassen. | Abseihen und mit den Kornelkirschen erhitzen. | Mit Rohrrohrzucker abschmecken und mit dem Brei servieren.

Maronipolenta

Die Maroni durch eine Erdäpfelpresse drücken. | Nun die Reismilch aufkochen und den Maisgrieß einrühren. | Den Brei einige Minuten köcheln und ausquellen lassen. | Maronipüree, Honig und Lebkuchengewürz zugeben und anrichten.

TIPP | Man kann auch gegarte, geschälte, tiefgefrorene Maroni, Maronipüree oder Maroni aus dem Glas verwenden. | Das Kompott kann auch in größeren Mengen gekocht und in sterile Gläser gefüllt werden. Wer mag, kann noch mit einem Schuss Rum verfeinern. Kornelkirschen aus dem eigenen Garten verwenden, sie sind im Fachhandel eher schlecht erhältlich.

Winterliches Gemüsechili

Gemüsechili

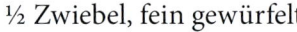

- ½ Zwiebel, fein gewürfelt
- 2 EL Rapsöl
- 1 Karotte, gewürfelt
- 1 Pastinake, gewürfelt
- 1 Kohlrübe, gewürfelt
- ¼ Porree, klein geschnitten
- 2 EL Tomatenmark
- 2 Tassen Bohnen, 12 Stunden eingeweicht (weiße, rote, Käferbohnen etc.)
- 5 Tassen Gemüsebrühe
- Chili, gehackt, Bohnenkraut, gerebelt, Salz, Kumin, Zitronenabrieb

ZUBEREITUNG:

Gemüsechili

Die Zwiebeln und die Gemüse im Rapsöl anschwitzen, dann das Tomatenmark einrühren und mit anschwitzen. | Nun mit der Brühe auffüllen und die Bohnen sowie Chili und Bohnenkraut zugeben. | Die Bohnen weich kochen und mit Salz, Zitrone und Kumin pikant abschmecken. | Mit einem kräftigen Sauerteigbrot oder auch mit Weißbrot servieren.

TIPP Bohnen und Gemüse können je nach Verfügbarkeit variiert werden. Wenn es schnell gehen muss, können auch vorgekochte Bohnen bzw. Bohnen aus dem Glas oder der Konserve verwendet werden.

Mühllackner Gemüsesuppe
mit knusprigem Zwiebelstrudel

ZUTATEN:

Gemüsesuppe

2 Karotten, geschält, in feine Streifen geschnitten
¼ Sellerieknolle, geschält, in feine Streifen geschnitten
1 Kohlrabi, geschält, in feine Streifen geschnitten
1 kleine Stange Lauch, geputzt, in feine Ringe geschnitten
Olivenöl
1 l Gemüsebrühe
Salz, Pfeffer, Schnittlauch

Zwiebelstrudel

150 g Strudelteig
500 g Zwiebeln, fein gewürfelt
4 Knoblauchzehen, fein gehackt
Olivenöl
1 Ei
1 EL Sauerrahm
1 EL Semmelbrösel
Petersilie, gehackt, Oregano, Salz, Pfeffer
2 EL zerlassene Butter

ZUBEREITUNG:

Gemüsesuppe

Karotten, Sellerie und Kohlrabi in wenig Olivenöl andünsten und mit der Gemüsebrühe auffüllen. | Das Gemüse bissfest kochen und den in feine Ringe geschnittenen Lauch dazugeben. | Die Suppe abschmecken.

Zwiebelstrudel

Die Zwiebeln und den Knoblauch in Olivenöl goldgelb anschwitzen und auskühlen lassen. | Die restlichen Zutaten dazugeben und recht pikant abschmecken. | Den Teig ausziehen und die Fülle auf zwei Dritteln der Fläche verteilen. | Die restliche Fläche mit zerlassener Butter bestreichen. | Zusammenrollen und den fertigen Strudel nochmals mit Butter bestreichen. | Im Rohr bei 160 Grad Celsius Heißluft ca. 15 Minuten goldbraun und knusprig backen.

TIPP Ohne Einlage und eventuell püriert ist die Suppe eine herrliche Basenmahlzeit zum Fasten oder Entlasten. | Der Strudel eignet sich auch wunderbar als kleiner Snack zwischendurch oder zur Jause.

Nahrungsmittel-Portraits

Alphabetisches Register

Küchendolmetscher

Autoren

Quellennachweis

OBST

Apfel
Rosengewächs

- weltweit ca. 7000 Sorten bekannt
- **Inhaltsstoffe:** Pektin, Fruchtsäuren, Vitamin C, Kalium, Kalzium, Magnesium, Zellulose, sekundäre Pflanzenstoffe
- **Wirkung:** Immunsystem stärkend, verdauungsfördernd, Blutdruck senkend

Birne
Rosengewächs

- ca. 1000 Sorten bekannt
- **Inhaltsstoffe:** mehr Zucker als Äpfel, weniger Fruchtsäuren, Folsäure, Vitamin C, Gerbstoffe, Kalium, Eisen, Kalzium, Magnesium, Pektin
- **Wirkung:** entzündungshemmend, gekocht gut für Harnsäureausleitung, entwässernd, erfrischend, besonders für Kinder zur Verdauungsförderung geeignet

Erdbeere
Rosengewächs

- botanisch keine Beere, sondern Sammelnussfrucht – daher auch öfters Allergie auslösend
- **Inhaltsstoffe:** Vitamin C (verliert aber nach vier Stunden ca. 50 %, daher frisch essen), Folsäure, Kalium, Mangan, Gerbstoffe, Anthocyane

Felsenbirne
Rosengewächs

- in der Natur auf sonnigen, trockenen Steilhängen zu finden; gedeiht aber auch gut im Garten
- **Inhaltsstoffe:** reich an Vitamin C, Zink, Eisen, Magnesium, Kalzium, Kupfer, Phosphor; in Kernen und Blättern ist Blausäure enthalten, daher nicht zu viele Früchte roh essen
- **Wirkung:** stoffwechselanregend, stärkt die Immunabwehr (Vitamin C)

Hagebutte
Rosengewächs

- **Inhaltsstoffe:** sehr viel hitzebeständiges Vitamin C, Vitamine A und K, Rutin, reichlich Pektine, Vanillin, Salizylsäure, Gerbsäuren, Schleimstoffe, Kieselsäure
- **Wirkung:** blutreinigend, Immunsystem stärkend; Blüte und Kraut wirken schweißtreibend und ausgleichend auf das Immunsystem, harntreibend
- **Verwendung:** Blüten und Früchte: Gelee, Marmelade, Mus, Tee, Chutneys
  Blätter: Salat, Gemüse

Holler
Geißblattgewächs

- **Inhaltsstoffe in Blüten:** freie Fettsäuren, ätherischs Öl, antioxidative Flavonoide wie Rutin, Gerbstoffe, Pflanzenschleime und Kalium
- **Inhaltsstoffe in Früchten:** antioxidative Anthocyane, Flavonoide, viel Vitamin B$_2$ und Vitamin C, Folsäure
- **Verwendung und Wirkung:**
  Blüten: schweißtreibend als Tee, Hollerlimonade, Blütenessig
  Blätter: nieren- und blasenwirksam, blutreinigend
  Knospen: eingelegt wie Kapern
  Rinde: harntreibend, enthält aber Blausäureglykoside
  Früchte: roh giftig, eignen sich aber gekocht für Säfte, Marmeladenlikör, Wein; Hollerwein hilft bei nervösen Herzbeschwerden

Kirsche
Rosengewächs

- Steinfrucht
- Sauer- und Süßkirschen
- **Inhaltsstoffe:** Anthocyane, Folsäure, Vitamin C, Magnesium, Kalium, Kobalt, Kalzium
- **Wirkung:** entzündungshemmend, bei Parodontose und Arthritis
- allergische Reaktionen bei Apfelunverträglichkeit möglich
- Steine enthalten Blausäure

Kornelkirsche
Hartriegelgewächs

- in Österreich auch als Dirndlkirsche bekannt
- Ernte muss im reifen Zustand erfolgen, sonst sehr sauer
- **Inhaltsstoffe:** Fruchtsäuren, Anthocyane, Vitamin C und E, Gerbstoffe, Rutin
- **Verwendung:**
  Blätter: als Tee
  Blüten: zum Aromatisieren
  Samen: als Kaffeeersatz
  Früchte: als Saft, Tee, Marmelade, Likör
- **Wirkung:** Immunsystem stärkend, bei Durchfall, fiebersenkend

Marille
Rosengewächs

- Steinobst
- **Inhaltsstoffe:** Vitamin C, Betacarotin, Lykopin, B-Vitamine, Eisen, Kupfer
- **Verwendung:** süß und pikant verwendbar
- Steine enthalten Blausäure, dienen als Grundlage für den Marzipanersatz Persipan

Mispel
Rosengewächs

- **Inhaltsstoffe:** Pektin, Vitamin C, Gerbsäure
- erst nach dem ersten Frost ernten oder vor Verwendung 48 Stunden einfrieren
- **Verwendung:** Marmelade, Mus, Kompott, Chutneys, Saft
- **Wirkung:** bei Fieber, Durchfall, blutreinigend, verdauungsfördernd; bei Entzündungen im Mundbereich mit Tee gurgeln

Quitte
Rosengewächs

- sehr sortenreich, z. B.: Apfelquitte, Birnenquitte
- nur gegart zu verwenden
- **Inhaltsstoffe:** Pektin, Tannine, Samen: Schleimstoffe – aus dem Gel lässt sich eine natürliche Zahnpasta herstellen
- **Wirkung:** verdauungsfördernd, entzündungshemmend

Sanddorn
Ölweidengewächs

- **Inhaltsstoffe:** sehr viel Vitamin C – ein Teelöffel deckt den Tagesbedarf; B-Vitamine und Vitamin E, Kalzium, Magnesium, Karotine, fettes Öl, Lykopin
- **Verwendung:** Kompott, Saft, Mus, Tee
- **Wirkung:** Immunsystem stärkend

Zwetschke
Rosengewächs

- ca. 2000 Sorten
- zu den Pflaumen gehörend
- **Inhaltsstoffe:** Kalium, Betacarotin, B-Vitamine, Kalzium
- viel Oxalsäure – Vorsicht bei Nierensteinen
- **Wirkung:** gut bei Rheuma und Gicht, verdauungsfördernd

KRÄUTER

Bärlauch
Liliengewächs

- **Inhaltsstoffe:** Lauchöle, Alliine, Allicin, sekundäre Pflanzenstoffe, Vitamine C und K, Mangan
- Verwendung:
  Blätter: Salat, Suppen Aufstriche, Blattgemüse, Füllungen, Pesto
  Knospen: eingelegt wie Kapern
  Blüten: zur Dekoration
  Samen: als Gewürz
- **Wirkung:** antibakteriell, Blutdruck senkend, Cholesterin senkend, Arterioskleroserisiko senkend, Blut reinigend, schleimlösend, stoffwechselanregend, stärkend

Brennnessel
Brennnesselgewächs

- **Inhaltsstoffe der Samen:** Fettes Öl, Omega-6-Fettsäuren, Vitamin E, Proteine, Schleime
- **Inhaltsstoffe der Blätter:** sekundäre Pflanzenstoffe, Magnesium, Kalzium, Kalium, Silicium, Eisen, Vitamine A, C, E
- **Verwendung:**
  Blätter: als Gemüse, Salat, Pesto, Tee
  Samen: als Gewürz
  Knospen: als Salat
- **Wirkung:** bei Rheuma, verdauungsfördernd, harntreibend, blutstillend, krebshemmend, fördert den Gallefluss

Dill
Doldenblütler

- **Inhaltsstoffe:** ätherische Öle, Vitamin C und Mineralien, Proteine, Gerbstoffe, Harze und Pflanzenschleime
- **Verwendung:** für Saucen, Suppen, Salate, Gemüse, Fischgerichte, Geflügel
- **Wirkung:** appetitanregend, blähungstreibend, milchvermehrend und krampflösend
- das Kauen von Dillsamen mindert unangenehmen Mundgeruch

Fetthenne
Dickblattgewächs

- **Inhaltsstoffe:** Flavonoide, Gerbsäuren, organische Säuren, Vitamin C, Schleimstoffe
- bei Verwendung der Purpur-Fetthenne die Haut der Blätter vorsichtig abziehen
- **Verwendung:** für Salate, Gemüse, Risotto, Suppen, Saucen
- **Wirkung:** lindernd bei Brandwunden, Sonnenbrand, Insektenstichen

Gänseblümchen
Korbblütler

- **Inhaltsstoffe:** Kalium, Magnesium, Vitamine A und C, ätherisches Öl, Gerbstoffe, Saponine, Bitterstoffe, Schleimstoffe, Inulin
- **Verwendung:** für Wildsalate, Gemüse, Aufstriche, Frischsaft

  Knospen: eingelegt wie Kapern

  Samen: Salat, zum Keimen
- **Wirkung:** stoffwechselanregend, blutbildend, wundheilend

Giersch
Doldengewächs

- **Inhaltsstoffe:** viel Vitamin C, Kalium, Kalzium, Mangan, Magnesium, Zink, Kupfer sowie viel Vitamin A und Proteine, Harz, ätherisches Öl, Flavonoide
- **Achtung:** auch oxalsäurehaltig
- Geschmack ähnlich wie Petersilie
- **Verwendung:**

  Gewürz – delikat überall dort, wo sonst Petersilie verwendet wird; Suppen, Salate, Pesto

  Blüten: zur Dekoration
- **Wirkung:** als Tee zubereitet ausschwemmend, schmerzstillend bei Gicht und Rheuma, als Auflage bei Schmerzen kleiner Gelenke, antibakteriell, gegen Schimmelpilze im Darm

Gundelrebe
Lippenblütler

- **Inhaltsstoffe:** viel Vitamin C und Kalium, Bitterstoffe, Gerbstoffe, ätherisches Öl, Saponine
- **Verwendung:** Salate, Gemüse, Reisgerichte, Ausstriche, Füllungen, Tee, Limonade, Sirup, Kräuterwein, Süßspeisen mit Schokolade

  Blüten: zur Dekoration
- Bestandteil der traditionellen Gründonnerstagssuppe
- **Wirkung:** entzündungshemmend, blutdrucksenkend, Eiter ziehend, stoffwechselausgleichend; bei Akne als Gesichtswasser; Wundöl bei Brandverletzungen

Karottengrün
Doldengewächs

- **Inhaltsstoffe:** Antioxidantien, ätherisches Öl, Harze, fettes Öl
- **Verwendung:** Salate, Smoothies, Gewürz, Suppen, Saucen, Gemüse
- **Wirkung:** Zellschutz, verdauungsfördernd

Lavendel
Lippenblütler

- **Inhaltsstoffe:** ätherisches Öl, Gerbstoffe, Kumarine, Flavonoide, Kampfer, Harz
- **Verwendung:** Gemüse, Lammgerichte, Eintöpfe, Erdäpfelgerichte, Honig, Süßspeisen
- **Wirkung:** beruhigend, schlaffördernd, antiseptisch, krampflösend, desinfizierend und antibakteriell; ätherische Öle können bei Pilzinfektionen nach Antibiotikaeinnahme helfen

Rosmarin
Lippenblütler

- **Inhaltsstoffe:** ätherisches Öl, Bitterstoffe, Flavonoide
- **Verwendung:** Gemüsegerichte, Rindfleisch, Lamm, Fisch, Marinade, Tee, Würzsalz
- **Wirkung:** stärkend, appetitanregend, nervenstärkend, krampflösend, Kreislauf anregend

Salbei
Lippenblütler

- **Inhaltsstoffe:** Proteine, Stärke, Bitterstoffe, Gerbstoffe, Thujon, Harz, Saponine, Glycoside
- **Verwendung:** Kalbfleischgerichte, Saucen, Marinaden, Tee
- **Wirkung:** entzündungshemmend, auswurffördernd, blähungswidrig, bei Durchfall, zur Mundhygiene

Schafgarbe
Korbblütler

- **Inhaltsstoffe:** ätherisches Öl, Gerbstoffe, Bitterstoffe, Flavonoide, Schleim, Kalium, Kupfer und Vitamin C
- **Verwendung:** Blätter für Salate, Suppen, Saucen, Wildsalate, Wildgemüse, Reisgerichte, Blüten für Sirup, Tee
- **Wirkung:** harmonisierend bei Kräuteranwendungen, entzündungshemmend, antiseptisch, krampflösend, harntreibend, blähungswidrig, verdauungsfördernd, Frauenkraut

- **Inhaltsstoffe:** sehr reich an Kalzium, ebenso sehr viel Kalium, Magnesium, Eisen, Vitamin A und C, Vitamine B_1 und B_2, Niacin sowie Selen, Schleimstoffe, Saponine, Rutin, Kieselsäure und die Omega-6-Fettsäure Gamma-Linolensäure
- **Verwendung:** Salat, Gemüse, Füllungen, Pesto
- **Wirkung:** antiviral, schleimlösend, heilend, kühlend, entzündungshemmend, schmerzlindernd, verdauungsfördernd

Thymian
Lippenblütler

- **Inhaltsstoffe:** ätherisches Öl, Flavonoide, Terpene
- **Verwendung:** Fleischgerichte, Fisch, Gemüse, Erdäpfel, Würzsalz, Tee, Süßspeisen
- **Hustensirup:** Thymian in Lagen mit Spitzwegerich und Huflattich sowie Honig ansetzen
- **Wirkung:** desinfizierend, schleimlösend, krampflösend, verdauungsfördernd; bei Schürfwunden Bäder oder Kompressen, als Hustentee mit Zwiebeln und Honig

Vogelmiere
Nelkengewächs

GEMÜSE/GETREIDE HÜLSENFRÜCHTE

Amarant
Fuchsschwanzgewächs

- sogenanntes „Pseudogetreide"
- **Inhaltsstoffe der Samen:** Proteine, Kohlenhydrate, Linolsäure, Alpha-Linolensäure, Magnesium, Kalzium, Eisen, Zink
- **Inhaltsstoffe der Blätter:** sekundäre Pflanzenstoffe, Mineralien, Vitamin C
- **Verwendung:** Breie, Müslis, Müsliriegel, Beilagen, Sugos, Füllungen Laibchen, gepoppt
- **Wirkung:** glutenfrei, stärkend, magenfreundlich

Avocado
Lorbeergewächs

- **Inhaltsstoffe:** Linolsäure, Proteine, Kohlenhydrate, Vitamin E, B-Vitamine, Eisen, Kalzium, Magnesium, Kalium
- **Verwendung:** Aufstriche, Dips, kalte Saucen, Salate, Beilagen, Smoothies, Süßspeisen
- **Wirkung:** zellschützend, hautpflegend, stärkend, vitalisierend

Batate (Süßkartoffel)
Windengewächs

- **Inhaltsstoffe:** Stärke, Zucker, Proteine, Ballaststoffe, Betacarotin, Kalzium, Magnesium, Vitamin B_2, Niacin
- **Verwendung:** gebacken im Ofen, gebraten, Püree, Gemüsechips, Gnocchi, gegrillt, Basis für alkoholische Getränke, als Mehl
- **Wirkung:** schützt die Zellen, nährend und sättigend

Brokkoli
Kreuzblütler

- **Inhaltsstoffe:** Proteine, Ballaststoffe, Karotine, Glucosinolate, Vitamin C, B_1, B_2, Natrium, Kalzium, Eisen, Magnesium, Kalium
- **Verwendung:** Salat roh, Salat gekocht, gebraten, gedünstet, gedämpft, blanchiert, Gemüseflan, Aufläufe, Gemüsewoks; Blüten, Stiele und Blätter verwendbar
- **Wirkung:** krebshemmend, zellschützend, Knochenaufbau

Buchweizen
Knöterichgewächs

- sogenanntes „Pseudogetreide"
- **Inhaltsstoffe:** reichlich hochwertiges Protein, Stärke, Vitamine E, B$_1$ und B$_2$, Kalium, Kalzium, Magnesium, Eisen, Silizium
- **Verwendung:** Breie, Suppen, Fladenbrote/Waffeln, Beilagen, Palatschinken, Blinis, Dalken, Beimehl in Broten, Körner geröstet als Salatdekoration
- **Wirkung:** stärkend, glutenfrei, bindegewebsstärkend; der enthaltene rote Farbstoff Fagopyrin muss durch heißes Abwaschen sowie Abschöpfen des rötlichen Schaumes beim Kochen entfernt werden

Chicorée
Korbblütler, Zichoriengewächs

- **Inhaltsstoffe:** Proteine, Ballaststoffe, Vitamin C, Karotine, Natrium, Kalium, Magnesium, Kalzium, Mangan, Bitterstoffe
- **Verwendung:** Salat roh, Salat gebraten, gedünstet, geschmort; früher wurden vorrangig die Wurzeln verzehrt
- Chicorée gibt es in Gelb-Weiß sowie in Rot-Weiß
- **Wirkung:** verdauungsfördernd, fördert den Gallefluss

Dinkel
Spelzweizenart (ursprüngliche Kreuzung aus Urformen von Einkorn und Emmer)

- **Inhaltsstoffe:** Stärke, Proteine, Omega-6-Fettsäuren, Phosphor, Kalium, Kalzium, Magnesium, Zink, Silizium, Mangan, Vitamine B$_1$, B$_2$ und B$_6$
- **Verwendung:** als ganzes Korn, geschrotet, als Grieß oder als Mehl, als Flocken, gekocht bzw. geröstet und gekocht, als Brei, Beilage, Füllung, Brot, Gebäck, Palatschinken, Dalken

Endivie
Korbblütler, Zichoriengewächs

- **diverse Arten:** Schnittendivie, Breitblättrige Endivie, Krausblättrige Endivie
- **Inhaltsstoffe:** Kohlenhydrate, Proteine, Kalium, Kalzium, Natrium, Eisen, Karotine, Vitamin C, Bitterstoffe, Nitrate
- **Verwendung:** Salat, geschmort, gedünstet
- **Wirkung:** verdauungsfördernd, fördert den Gallefluss

Erdapfel
Nachtschattengewächs

- **Inhaltsstoffe:** Stärke, Proteine, Vitamine C, B_1 und B_2, Natrium, Kalium, Kalzium, Magnesium, Phosphor, Eisen
- **Verwendung:** gekocht, gedämpft, gebraten, Erdäpfelschmarrn, Rösti, Laibchen, Auflauf, Gratin, Krusteln, Gnocchi, Knödel, Terrine, Püree, Süßspeisen etc.
- **Wirkung:** nährend, stärkend

Fenchel (Gemüsefenchel)
Doldenblütler

- **Inhaltsstoffe:** Kohlenhydrate, Proteine, Ballaststoffe, Kalium, Natrium, Kalzium, Eisen, Vitamine C, E, B_1, B_2 und B_6, Nitrat, Oxalsäure
- **Verwendung:** roh oder gedünstet als Salat, gebraten, geschmort, gefüllt, als Suppe
- **Wirkung:** magenfreundlich, Immunsystem stärkend, verdauungsfördernd, entblähend

Gerste
Getreide (Süßgras)

- **Inhaltsstoffe:** Stärke, Proteine, Ballaststoffe, Magnesium, Kalzium, Phosphor, Kalium, Vitamine Niacin, B_1, B_2 und B_6
- **Verwendung:** als ganzes Korn, Graupen, Flocken, Grieß, Grundlage für Bier- und Schnapsherstellung, Breie, Beilagen, Suppeneinlagen, Füllungen

Gurke
Kürbisgewächs

- **Inhaltsstoffe:** Hauptsächlich Wasser, Ballaststoffe und Kalium, Natrium, Magnesium, Kalzium, Phosphor, Mangan, Fruchtsäuren
- **Verwendung:** roh als Salat oder Kaltschale, als Gelee, gegart als Gemüse, Sauce, Suppe
- Gurken IMMER schälen – sie sind sonst schwer verdaulich
- Dill verbessert die Bekömmlichkeit
- **Wirkung:** guter Elektrolytlieferant, daher besonders empfehlenswert im Sommer, nach dem Sport, als Durstlöscher, erfrischend

Hafer
Getreide (Süßgras)

- **Inhaltsstoffe:** Stärke, Schleimstoffe, verschiedene Kohlenhydratarten, hochwertige Proteine, reichlich Linolsäure, Kalium, Eisen, Mangan, Silizium, Zink, Vitamine B_1 und E, Ballaststoffe, krebshemmende Pflanzenstoffe
- **Verwendung:** ganzes Korn, Flocken, Mehl, gekocht süß und pikant, Laibchen, Breie, Beilagen, Füllungen, Süßspeisen; Tee aus Grünem Hafer, auch Pflanzensäfte aus Grünem Hafer
- **Wirkung:** stärkend, aufbauend, bei Bluthochdruck, verdauungsfördernd, bei Magenschleimhautproblemen; Grüner Hafertee unterstützt Harnsäureausscheidung

Haferwurzel (Bocksbart)
Korbblütler

- **Inhaltsstoffe:** Kohlenhydrate, Proteine, Vitamine A, B_1, B_2 und C, Kalium, Natrium, Magnesium, Kalzium, Mangan
- **Verwendung:** gebraten, gedünstet, geschmort, in Verbindung mit Erdäpfelgerichten, Suppen, Salate gegart
- **Wirkung:** stärkend, nährend

Häuptelsalat
Lactuca-Arten, Korbblütler

- **Inhaltsstoffe:** Proteine, Ballaststoffe, Lactucerol, Betacarotin, Lutein, Vitamine B_1, B_2 und C, Folsäure, Kalzium, Kalium, Natrium, Phosphor, Eisen, Kupfer, Jod, Mangan, Selen, Nitrat, Bitterstoffe
- **Verwendung:** Salate roh und geschmort, als Sauce, Suppe, Smoothies, gefüllt
- **Wirkung:** beruhigend, harntreibend, bei erhöhter Harnsäure, blutdrucksenkend

Herbstrübe
Kreuzblütler

- **Inhaltsstoffe:** Kohlenhydrate, Proteine, Vitamine B_1, B_2, B_6 und C, Niacin, Kalium, Natrium, Kalzium, Magnesium, Phosphor, Glucosinolate, Goitrin
- **Verwendung:** mariniert, Salat, gebraten, gedünstet, geschmort, gefüllt
- **Wirkung:** wie Rettich anregend für den Stoffwechsel, fördert den Gallefluss, verdauungsfördernd, Saft zur Schleimhautreinigung und bei Husten zusammen mit Thymian, krebshemmend

Jungzwiebel (Frühlingszwiebel)
Liliengewächs

- **Inhaltsstoffe:** Proteine, etwas Kohlenhydrate, Ballaststoffe, Betacarotin, Karotine, Kalium, Kalzium, Magnesium, Eisen, Vitamin C, Folsäure, Senföle
- **Verwendung:** Salate roh und gegart, gedünstet, gebraten, gedämpft
- **Wirkung:** anregend auf Niere, Galle, Darm, Leber, blutzuckerregulierend, bei Rheuma und Gicht, Arteriosklerose vorbeugend

Kaiserschoten (Zuckererbsen)
Leguminosen, Hülsenfruchtgewächs

- **Inhaltsstoffe:** Stärke und Zucker, hochwertige Proteine, Ballaststoffe, Vitamine C, B_1, B_2 und B_6, Niacin, Kalium, Magnesium, Kalzium, Phosphor, Eisen, Mangan, Saponine
- **Verwendung:** gedünstet, gedämpft, geschmort, gebraten, Beilagen, gegarte Salate, Gemüsewoks
- **Wirkung:** nährend

Karfiol
Kreuzblütler

- **Inhaltsstoffe:** Proteine, Kohlenhydrate, Vitamin C, Betacarotin, Kalium, Kalzium, Magnesium, Natrium, Eisen, Kupfer, Jod, Fluor
- **Verwendung:** im Ganzen gedämpft, gedünstet, Suppen, Saucen, gegarte Salate, Aufläufe, Flan, süß-sauer eingelegt
- **Wirkung:** bei Asthma, Arthritis, Nierenleiden; nicht geeignet bei Schilddrüsenüberfunktion

Hirse/Braunhirse
Sammelbegriff für kleinwüchsige Spelzgetreide, Süßgräser

- klare Zuordnung aller Arten nicht gegeben, Grobunterteilung in Millethirse (Rispen- und Kolbenhirse) und Sorghumhirse
- **Inhaltsstoffe:** Stärke, Zucker, Ballaststoffe, hochwertige Proteine, Linolsäure, viel Magnesium, Vitamine B_1 und E, Niacin, Bitterstoffe, Saponine, Silizium, Eisen, Fluor
- **Verwendung:** Körner, Flocken, Mehl, gekocht, gedünstet, als Brei, Beilagen, Füllungen, Laibchen, Süßspeisen, Aufläufe, Palatschinken, Gebäck, Teigwaren
- **Wirkung:** glutenfrei, stärkend, bindegewebsstärkend

Karotte (Mohrrübe)
Doldenblütler

- **Inhaltsstoffe:** Zucker, Proteine, Pektin, Betacarotin, Folsäure, Vitamine B_1, B_2, D, E und K, ätherische Öle, Eisen, Magnesium, Kalzium, Phosphor
- **Verwendung:** Salate roh und gegart, gedünstet, gedämpft, Püree, Saucen, Suppen, Aufstriche, Mus, Gelee, Terrine, Mehlspeisen, Süßspeisen
- **Wirkung:** Vitamin-A-Versorgung – Sehkraft, Knochen- und Schleimhautaufbau, Immunsystem stärkend, darmreinigend, gegen Stress, cholesterinsenkend

Karotten-Chinakohl
Kreuzblütler, spezielle Züchtung mit Karotte

- **Inhaltsstoffe:** Proteine, viel Vitamin C, Kalium, Kalzium, Magnesium, Eisen, Phosphor, Betacarotin, Senföle
- **Verwendung:** roh, mariniert, eingelegt, milchsauer vergoren, gebraten, gefüllt, Wokgerichte
- **Wirkung:** gut verdaulich, hohe Nährstoffdichte

Kerbelrübe
Doldenblütler

- **Inhaltsstoffe:** viel Protein, Stärke, Zucker, Mineralien, B-Vitamine, Ballaststoffe
- gut lagern für eine optimale Geschmacksentwicklung
- **Verwendung:** gebraten, gedünstet, gedämpft, Auflauf, Soufflé, gegarte Salate, Püree

Knoblauch
Liliengewächs

- Winter- und Sommerknoblaucharten
- **Inhaltsstoffe:** Proteine, Stärke, Zucker, Vitamin C, Selen, Kalzium, Phosphor
- **Verwendung:** Gewürz, Paste, Öl, eingelegt, getrocknet, gemahlen, gebraten, als Kruste, Suppen, Saucen
- **Wirkung:** präventiv gegen Schlaganfall, Arteriosklerose, keimtötend, Immunsystem stärkend, cholesterinsenkend, antiparasitär

Kohlrabi
Kreuzblütler

- kommt in diversen Farben vor – Weiß, Violett
- **Inhaltsstoffe:** Kohlenhydrate, Proteine, Vitamin C, Karotine, Kalium, Magnesium, Kalzium, Eisen, Jod, Selen
- Blätter enthalten wesentlich mehr Inhaltsstoffe als die Frucht – diese deshalb nach Möglichkeit mitverwenden
- **Verwendung:** rohe und gegarte Salate, Suppen, Saucen, gebraten, milchsauer vergoren, eingelegt, gedünstet, gedämpft, gefüllt

Kresse

- Brunnenkresse, Gartenkresse, Kapuzinerkresse, Parakresse, Daikonkresse, Barbarakraut
- **Inhaltsstoffe:** Senföle, Bitterstoffe, Scharfstoffe
- **Verwendung:** Salate, Gemüsegerichte, roh oder gegart, Suppen, Saucen, Aufstriche, Buttermischungen, Gewürzmischungen, Blüten als Dekoration
- **Wirkung:** antibakteriell, Immunsystem stärkend, Darmflora aufbauend

Kürbis
Kürbisgewächse

- Unterteilung im Sommer- und Winterkürbisse
- **Inhaltsstoffe:** Kohlenhydrate, Proteine, Betacarotin, Ballaststoffe, Kalium, Kalzium, Phosphor, Vitamin C, Silizium
- **Verwendung:** Winterkürbisse immer gegart, Sommerkürbisse teilweise auch roh; gebacken, gebraten, gedünstet, Teigwaren, Gnocchi, Püree, Laibchen, Suppen, Saucen, Füllungen, Krusten, Gemüsegerichte, Kuchen, Torten, Süßspeisen
- **Wirkung:** nährend, schwer verdaulich, blutdrucksenkend, gegen Nierenleiden
- **Kerne:** gegen Prostatabeschwerden

Linsen
Leguminose, Hülsenfruchtgewächs

- **Inhaltsstoffe:** hochwertige Proteine, Stärke, Zucker, Ballaststoffe, Vitamine B_1, B_2, B_6 und C, Folsäure, Kalium, Kalzium, Magnesium, Eisen, Phosphor, Zink, Saponine
- **Verwendung:** Suppen, Saucen, Püree, Gemüsespeisen, Füllungen, Aufstriche, Salate, Brei, Eintöpfe, Currys, Laibchen
- **Wirkung:** nährend, entblähende Kräuter mitkochen, nicht bei Gicht

Mairübe
Kreuzblütler

- **Aussehen:** wie eine kleine Herbstrübe
- **Inhaltsstoffe:** Kohlenhydrate, Proteine, Vitamine B_1, B_2, B_6 und C, Kalium, Niacin, Natrium, Kalzium, Magnesium, Phosphor, Glucosinolate, Goitrin
- **Verwendung:** mariniert, Salat, gebraten, gedünstet, geschmort, gefüllt
- **Wirkung:** wie Rettich anregend für den Stoffwechsel, fördert den Gallefluss, verdauungsfördernd, Saft zur Schleimhautreinigung und bei Husten zusammen mit Thymian, krebshemmend

Maroni
Buchengewächs

- **Inhaltsstoffe:** Stärke, Zucker, Proteine, Fett, Vitamine C, B_1 und B_2, Kalium, Kalzium, Magnesium, Eisen, Phosphor
- **Verwendung:** geröstet, gekocht, Püree, glasiert, als Beilage, als Snack, Süßspeisen, Brei, Mehl
- **Wirkung:** nährend, entspannend, basisch, blutdrucksenkend

Melanzani
Nachtschattengewächs

- weltweit in unterschiedlichsten Formen vorkommend
- **Inhaltsstoffe:** Kohlenhydrate, Ballaststoffe, Vitamin C, Kalium, Kalzium, Magnesium, Oxalsäure, Solanin, Bitterstoffe, ätherische Öle, Anthocyane
- **Verwendung:** gebraten, gefüllt, als Aufstrich, Currys, Antipasti, Püree
- **Wirkung:** blutbildend, entwässernd, entzündungshemmend, verdauungsfördernd, stoffwechselanregend, nervenstärkend

Paprika (Gemüsepaprika)
Nachtschattengewächs

- ca. 7000 Sorten weltweit
- **Inhaltsstoffe:** Capsaicin (Schärfe), ätherische Öle, viel Vitamin C, Zucker, Proteine, Kalium, Magnesium, Kalzium, Karotine, sekundäre Pflanzenstoffe wie Rutin
- **Verwendung:** Salate roh und gegart, gefüllt, gebraten, geschmort, Suppen, Sugos, Saucen, milchsauer vergoren, eingelegt, mariniert, gegrillt
- **Wirkung:** verdauungsfördernd – aber Achtung: viele vertragen Paprika nicht, dann geschält versuchen; durchblutungsfördernd, harntreibend, bindegewebsstärkend, Immunsystem unterstützend, Anti-Stressfood

Pastinake
Doldengewächs

- **Inhaltsstoffe:** Stärke, Zucker, Ballaststoffe (vor allem Pektin), Vitamine C, B_6, B_1 und B_2, Niacin, Kalium, Magnesium, Kalzium, Eisen, ätherische Öle, Kumarin
- **Verwendung:** gedünstet, gebraten, geschmort, mariniert, milchsauer vergoren, Suppen, Saucen
- **Wirkung:** verdauungsanregend, entspannend, nährend, krebshemmend

Porree (Lauch)

Liliengewächs

- Winter- und Sommerporree-Arten
- **Inhaltsstoffe:** Proteine, wenig Kohlenhydrate, Ballaststoffe, Betacarotin, Karotine, Kalium, Kalzium, Magnesium, Eisen, Vitamin C, Folsäure, Senföle
- **Verwendung:** Salate roh und gegart, gedünstet, gebraten, gedämpft
- **Wirkung:** Anregend auf Niere, Galle, Darm, Leber, blutzuckerregulierend, bei Rheuma und Gicht, Arteriosklerose vorbeugend

Quinoa

Gänsefußgewächs

- sogenanntes „Pseudogetreide"
- **Inhaltsstoffe:** Stärke, Zucker, hochwertige Proteine, Linolsäure, Vitamine C, E, B_1 und B_2, Kalium, Magnesium, Phosphor, Kalzium, Eisen, Zink
- **Verwendung:** gedünstet, gekocht, süß und pikant, gepoppt, Brei, Suppen, Backwaren Blätter: spinatartige Verarbeitungen
- **Wirkung:** nährend, aufbauend, stärkend, glutenfrei

Portulak

Portulakgewächs

- **Inhaltsstoffe:** Proteine, Kohlenhydrate, biogene Amine wie Dopamin, viel Kalium, Kalzium, Eisen, Magnesium, Vitamine C, B_2 und B_1, Niacin, Oxalsäure, Nitrat, sehr hoher Gehalt an Omega-3-Fettsäuren
- **Verwendung:** Salat, geschmort, eingelegt, Gewürz, Kräutermischungen
- **Wirkung:** herzschützend, Arteriosklerose vorbeugend, Blutfette senkend, cholesterin-senkend

Radieschen

Kreuzblütler

- **Inhaltsstoffe:** Zucker, Proteine, Vitamin C, Kalium, Kalzium, Eisen, Phosphor, Senfölglykoside, Bitterstoffe
- **Verwendung:** roh, mariniert, gebraten, warme Salate, Smoothies, Suppen, Kaltschalen, Saucen Dips, Snacks
- **Wirkung:** bei Galleproblemen, fördert den Gallefluss, schleimhautreinigend, verdauungsfördernd, cholesterinsenkend, bei Husten zusammen mit Honig, entwässernd, krebshemmend

Rettich, Schwarz
Kreuzblütler

- **Inhaltsstoffe:** Zucker, Proteine, Vitamin C, Kalium, Kalzium, Eisen, Phosphor, Senfölglykoside, Bitterstoffe
- **Verwendung:** roh, mariniert, gebraten, warme Salate, Smoothies, Suppen, Kaltschalen, Saucen, Dips, Snacks
- **Wirkung:** bei Galleproblemen, fördert den Gallefluss, schleimhautreinigend, verdauungsfördernd, cholesterinsenkend, bei Husten zusammen mit Honig, entwässernd, krebshemmend

Rhabarber
Knöterichgewächs

- **Inhaltsstoffe:** Zucker, Ballaststoffe, Vitamin C, Kalium, Kalzium, Phosphor, Magnesium, Mangan, Kupfer, Oxalsäure, Nitrat
- **Verwendung:** gedünstet, gebraten, geschmort, süß-scharf, Chutneys, Gelees, Marmeladen, Kompotte, Saft, Mehl-speisen
- **Wirkung:** darmreinigend
- wegen der Oxalsäure: nie roh verzehren, auch keine Schale; erste Ernte besser als spätere, roter besser als grüner; meiden bei Nierensteinen, Rheuma, Gicht

Rote Rübe (Beete), auch in gelb, weiß, gefleckt
Gänsefußgewächs

- **Inhaltsstoffe:** Zucker, Proteine, Ballaststoffe, Vitamin C, Niacin, Karotine, Betanin, Betanidin, Betain, Anthocyane, Kalium, Kalzium, Eisen, Kupfer, Magnesium, Phosphor, Eisen, Rutin, Cholin, Oxalsäure
- **Verwendung:** gekocht, gebacken, gedünstet, geschmort, Salate, Beilagen, Saft, Püree, milchsauer vergoren, eingelegt
- **Wirkung:** zellwandstärkend, antioxidative Wirkung, antibakteriell, krebshemmend, blutbildend

Roter Reis
3 Sorten: Camargue-Reis, Philippinischer roter Bergreis, Bhutan-Reis

- nicht zu verwechseln mit Rotreis – ein fermentierter Reis aus der chinesischen Küche
- **Inhaltsstoffe:** Stärke, Zucker, Proteine, Linolsäure, Vitamine B_1, B_2, B_6 und E, Folsäure, Kalium, Kalzium, Selen, Zink
- **Wirkung:** glutenfrei, entwässernd, bindegewebsstärkend, magenfreundlich, schleimbildend, verdauungsfördernd

Rosenkohl
Kreuzblütler

- **Inhaltsstoffe:** Proteine, Kohlenhydrate, Ballaststoffe, Vitamine B₁, B₂, B₆ und C, Folsäure, Kalium, Kalzium, Magnesium, Phosphor, Eisen, Mangan, Antioxidans: Sulforaphan
- **Verwendung:** gedünstet, geschmort, Beilage, Suppen, Saucen
- **Wirkung:** stärkend, tonisierend, Arteriosklerose vorbeugend, antioxidativ, krebshemmend

Salanova
Lactuca-Arten, Korbblütler, neue Sorte

- **Inhaltsstoffe:** Proteine, Ballaststoffe, Betacarotin, Lutein, Vitamine B1, B2 und C, Folsäure, Kalzium, Kalium, Natrium, Phosphor, Eisen, Kupfer, Jod, Mangan, Selen, Nitrat, Bitterstoffe
- **Verwendung:** Salate roh und geschmort, als Sauce, Suppe, Smoothies, gefüllt
- **Wirkung:** beruhigend, diuretisch, bei erhöhter Harnsäure, blutdrucksenkend

Schwarzwurzel
Korbblütler

- **Inhaltsstoffe:** Inulin, Zucker, Proteine, Linolsäure, Ballaststoffe, Vitamine C, B₁, B₂ und E, Kalium, Kalzium, Magnesium, Phosphor, Eisen, Bitterstoffe, Nitrat
- **Verwendung:** gekocht, gedünstet, gebraten, eingelegt, milchsauer vergoren, Salat gegart, Beilagen, Suppen
- **Wirkung:** harntreibend, schweißtreibend, Antistress-Food, entspannend

Sellerie
Doldengewächs

- **Inhaltsstoffe:** Kohlenhydrate, Proteine, Ballaststoffe, Vitamine B₁, C, E und B₆, Kalium, Kalzium, Magnesium, Phosphor, Eisen, Mangan, Kupfer, Zink
- grüne Blätter sehr nährstoffreich
- **Verwendung:** gedünstet, gebraten, geschmort, Salat, Beilage, gefüllt, Suppen, Saucen, Püree, milchsauer vergoren
- **Wirkung:** verdauungsfördernd, fördert den Gallefluss, harntreibend, stoffwechselanregend, nervenstärkend, Antistress-Food

Spargel
Liliengewächs

- **Inhaltsstoffe:** Proteine, Zucker, Vitamine C, B₁ und B₂, Folsäure, Kalium, Calcium, Magnesium, Eisen, Phosphor, Kupfer, Chrom, Zink, Bor, Mangan, Selen; grün: Chlorophyll
- **Verwendung:** gedünstet, gekocht, gebraten, roh als Salat, Beilagen, mariniert, gebacken, Süßspeisen
- **Wirkung:** harntreibend, Harnsäurekristalle auflösend, entwässernd, Galle- und Leberleiden

Stangensellerie
Doldengewächs

- **Inhaltsstoffe:** Proteine, Zucker, Vitamine C, B_1, B_2 und E, Kalium, Kalzium, Magnesium, Eisen, Phosphor
- **Verwendung:** gedünstet, gekocht, gebraten, roh als Salat, Beilagen, mariniert, gebacken, geschmort
- **Wirkung:** Anti-Stress-Gemüse, entspannend, appetitanregend, harntreibend, Stoffwechsel unterstützend, basisch, gut für den Knochenstoffwechsel

Tomate
Nachtschattengewächs

- **Inhaltsstoffe:** Zucker, Proteine, Vitamine C und B_6, Karotine wie Lykopin, Kalium, Kalzium, Magnesium, Mangan, Eisen, Phosphor, Kobalt, Nickel, Oxalsäure
- **Verwendung:** Salat, Rohkost, gebraten, gedünstet, geschmort, getrocknet, eingelegt, Saucen, Sugos, Suppen, gefüllt, Aufstriche
- **Wirkung:** entwässernd, blutdrucksenkend, bei Rheuma, Gicht und Arthritis, blutbildend, verdauungsfördernd, Immunsystem stärkend, zellschützend, anregend, tonisierend, Antistress-Food, antiseptisch

Topinambur
Korbblütler

- **Inhaltsstoffe:** Zucker, Inulin, Proteine, Ballaststoffe, Vitamin C, E, B_1 und B_2, Niacin, Kalium, Kalzium, Magnesium, Eisen, Phosphor
- **Verwendung:** gedünstet, gebraten, geschmort, Suppen, gebacken, Aufläufe, Püree
- **Wirkung:** nieren- und gallenreinigend

Vogerlsalat
Baldriangewächs

- **Inhaltsstoffe:** Zucker, Proteine, Ballaststoffe, Vitamine C, B_1 und B_2, Folsäure, Niacin, Betacarotin, Kalium, Kalzium, Magnesium, Eisen, Phosphor
- **Verwendung:** Salat, gedünstet, Smoothies, Pflanzensaft
- **Wirkung:** schlaffördernd, Blutbildung, Immunsystem stärkend

Wirsing
Kreuzblütler

- Früh- und Wintersorten
- **Inhaltsstoffe:** Zucker, Proteine, Ballaststoffe, Vitamine C, B_1 und B_2, Niacin, Kalium, Magnesium, Kalzium, Phosphor, Eisen, Mangan, Karotine, Schwefelöle, Chlorophyll
- **Verwendung:** gedünstet, gebraten, gefüllt, Suppen, mariniert, eingelegt, milchsauer vergoren
- **Wirkung:** äußerlich entgiftend, entkrampfend, entzündungshemmend

Zucchini
Kürbisgewächse

- unreifer Sommerkürbis
- **Inhaltsstoffe:** Proteine, Zucker, Vitamin C, Folsäure, Kalium, Kalzium, Magnesium, Eisen, Mangan, Kupfer, Zink, Selen, Betacarotin, Bitterstoffe
- **Verwendung:** Salat roh und gegart, gebraten, gedünstet, gefüllt, geschmort, Mehlspeisen
- **Wirkung:** verdauungsfördernd, Immunsystem stärkend

Zuckerhut
Korbblütler, Zichoriengewächs

- chicorée-artiger Salat
- **Inhaltsstoffe:** Proteine, Ballaststoffe, Vitamin C, Karotine, Natrium, Kalium, Magnesium, Kalzium, Mangan, Bitterstoffe
- **Verwendung:** Salat roh, Salat gebraten, gedünstet, geschmort
- **Wirkung:** verdauungsfördernd, fördert den Gallefluss

Zwiebel
Liliengewächs

- unterschiedlichste Sorten
- **Inhaltsstoffe:** Zucker, Proteine, Vitamine C, E, B_2 und B_6, Karotine, Kalium, Kalzium, Phosphor, Sulfide, Flavonoide
- **Verwendung:** roh und gegart als Salat, Beilage, Füllung, Gewürz, getrocknet, gemahlen, eingelegt, gebraten, geschmort, gedünstet, gefüllt
- **Wirkung:** blutdrucksenkend, blutverdünnend, cholesterinsenkend, Arteriosklerose vorbeugend, darmreinigend, antiparasitär, entzündungshemmend, entgiftend, nervenberuhigend

A

B

C

D

E

F

G

H

KÜCHENDOLMETSCHER

ÖSTERREICHISCH		DEUTSCH
Dalken	→	Blinis
Dampfl	→	Vorteig aus Hefe
Dirndl	→	Kornelkirsche
Eidotter	→	Eigelb
Erdäpfel	→	Kartoffel
Erdholler	→	Giersch
Germ	→	Hefe
Häuptelsalat	→	Kopfsalat
Holler	→	Holunder
Karfiol	→	Blumenkohl
Karotte	→	Mohrrübe
Marille	→	Aprikose
Maroni	→	Esskastanie
Melanzani	→	Aubergine
Nockerl	→	Klößchen
Obers	→	Sahne
Palatschinken	→	dünne Pfannkuchen
Paradeiser	→	Tomaten
Polenta	→	Maisgrieß
Ribiseln	→	Johannisbeeren
Rote Rübe	→	Rote Beete
Schöberl	→	Pikanter Biskuit
Staubzucker	→	Puderzucker
Topfen	→	Quark
Vogerlsalat	→	Feldsalat
Zwetschke	→	Zwetschge

HINWEISE ZU REZEPTANGABEN:

1 Tasse → 200–250 ml

EL → Esslöffel

TL → Teelöffel

Mengenangaben:
für 4 Personen

Temperaturangaben:
Heißluft

Mag. Karin Zausnig

ist Ernährungswissenschaftlerin und Fastenleiterin mit vertiefender Ausrichtung im Bereich Ernährungsökologie im Kneipp-Traditionshaus Bad Mühllacken. Ihr Fokus liegt dabei auf der alltagstauglichen Umsetzung einer individuell und ökologisch verträglichen Ernährung. Gemeinsam mit Dr. Margarethe Fließer hat sie dieses Thema im Buch „Bauch gut. Alles gut" einer großen Leserschaft zugänglich gemacht.

Martin Thaller

ist seit März 2003 der Küchenchef des Kneipp-Traditionshauses Bad Mühllacken. Als Präventions- und Ernährungscoach sowie Diätkoch war er maßgeblich an der Entwicklung des Kurhauses zum österreichweit bekannten Ernährungsspezialisten beteiligt. Bei wöchentlichen Schaukochen, regelmäßigen Beratungsgesprächen und informativen wie unterhaltsamen Kochkursen schätzt der gebürtige Rohrbacher den anregenden Austausch mit den Gästen.

Siegfried Wintgen

ist Küchenmeister mit Wurzeln in der Hauben- und Sternegastronomie. Er ist diplomierter Ernährungsberater mit Studium der Gesundheitswissenschaften und des Gesundheitsmanagements sowie Weiterbildung in der TCM und in TEM. Er leitet diverse Ernährungs- und TEM-Ausbildungen, begleitet seit zehn Jahren die Kneipp-Kurbetriebe der Marienschwestern vom Karmel, berät Betriebe und Institutionen und hält laufend Vorträge zum Thema Ernährung und Gesundheit. Ist Buchautor und regelmäßig in TV und Radio vertreten.

Danksagung

dem Autorenteam
Mag. Karin Zausnig, Siegfried Wintgen MBA, MSc, Martin Thaller

für die Zubereitung der Speisen
Siegfried Wintgen MBA, MSc

für die Dekoration der Speisen
Karin Kramler
Jaqueline Lauf

für das zur Verfügung stellen von Geschirr und Dekorationsmaterialien
dem Team vom Möbelhaus Egger Eferding

für die Fotografie
Rudolf Laresser

für Korrektur und Lektorat
Dipl. Päd. Martina Berger
Mira Kowanda

für die Unterstützung jeglicher Art
den Schwestern und MitarbeiterInnen unseres Hauses

Quellennachweis

Baltes, W., Matissek, R. 2011, Lebensmittelchemie, Springer Verlag Berlin

Fleischhauer, S., Essbare Wildpflanzen, 2011, Weltbild Verlag, Augsburg

Fleischhauer, S., Enzyklopädie der essbaren Wildpflanzen, 2006, AT Verlag, München

Fließer, M., Zausnig, K., 2011, Bauch gut. Alles gut. Freya Verlag, Linz

Pahlow, M., Das große Buch der Heilpflanzen, 2001, Bechtermünz Verlag, Augsburg

Couplan, F., Wildpflanzen für die Küche, 2003, AT Verlag, München

Hirsch, S., Die Kräuter in meinem Garten, 2005, Freya Verlag, Linz

Biesalski, H., Grimm, P., 2001, Taschenatlas der Ernährung, Thieme, Stuttgart

Burgerstein, 2002, Nährstoffe, Haugverlag, Stuttgart

Elmadfa, I., Leitzmann, C., 2004, Ernährung des Menschen, UTB Stuttgart

Horn, F., u.a., 2005, Biochemie des Menschen, Thieme, Stuttgart

Leitzmann, C., Watzl, B., 2000, Bioaktive Substanzen in Lebensmitteln, Hippokrates Verlag, Stuttgart

Pscherembel, 2002, Klinisches Wörterbuch, de Gruyter, Berlin

Ruef- Münzing, I., 2004, Kursbuch gesunde Ernährung, Heyne Verlag, München

Souci, Fachmann, Kraut, 2004, Lebensmitteltabelle, WV, Stuttgart

Spektrum, 2002, Lexikon der Ernährung, Akademischer Verlag, Berlin

Ternes et. Al., 2007, Lexikon der Lebensmittel, Wissenschaftliche Verlagsgesellschaft mbH, Stuttgart

Widhalm, K., 2000, Ernährungsmedizin, ÖAK, Wien

Wintgen, S., 2012, Die Landhaus Kräuterküche, Kneipp Verlag, Wien

Wintgen, S., 2012, Die moderne Kneipp Küche, Kneipp Verlag, Wien

Wintgen, S., 2012, Sporternährung aus der Sicht der TCM, Bacopa Verlag, Schiedlberg

Aspach
Prävention – Regeneration – Orientierung

TEM
Traditionelle Europäische Medizin

PRÄVENTION

In Ruhe und Geborgenheit seinen eigenen Rhythmus erspüren. Die Heilkräfte der Natur wie Kräuter, Wasser, Moor oder Topfen wirken lassen. Gesunde, regionale Lebensmittel bewusst genießen oder die sanfte Hügellandschaft des bezaubernden Innviertels erkunden. All das macht Sinn und schenkt neue Lebensfreude und Selbstvertrauen – die Quelle für Wohlbefinden und Gesundheit.

REGENERATION

In der Traditionellen Europäischen Medizin wird jeder Mensch als einzigartiges Wesen gesehen und dementsprechend behandelt. Wir haben die Erfahrung, um individuelle, auf die persönlichen Bedürfnisse des Gastes abgestimmte Arrangements an Anwendungen und Massagen wirkungsvoll zusammenstellen zu können. Die positiven Effekte auf Seele, Körper und Geist werden deutlich spürbar.

ORIENTIERUNG

Ausgesuchte Therapien wie Genuss- oder Entspannungstraining, kompetente Gesprächspartner und neueste diagnostische Geräte zur Stressmessung bieten echte Orientierungshilfen im Leben. Sich angenommen und verstanden fühlen, endlich Zeit für Gespräche haben, eigene Wünsche und Bedürfnisse erkennen … das hilft im Alltag verloren gegangene Werte wiederzufinden und in ein sinnerfülltes Leben zurückzukehren.

www.aspach.kneippen.at

Bad Kreuzen
1. Zentrum für Traditionelle Europäische Medizin

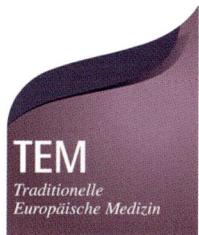

TEM
*Traditionelle
Europäische Medizin*

BESEELTE HEILKUNST FÜR MEINE KRAFT

Inmitten der beeindruckenden Mühlviertler Naturlandschaft knüpfen die Gesundheitssäulen Ernährung, Kräuter, Anwendungen, Entspannung und Bewegung an das erprobte Wissen unserer Vorfahren an. Für die Gäste bedeutet dies wirksame wie unterhaltsame Angebote an Therapien, Workshops und Erholung, die die Gesundheit und das Wohlbefinden nachhaltig stärken.

WIEDER ZU SICH SELBST FINDEN

TEM, das ist das heilsame Wissen Europas, das über Jahrtausende nichts von seiner Wirksamkeit verloren hat. Aufbauend auf der Ermittlung des Archetyps nach der Säftelehre von Galen werden die Grundqualitäten trocken/feucht sowie warm/kalt bestimmt und die Gewichtung der Temperamente ermittelt. Darauf abgestimmte Anwendungen und Therapien können die Selbstregulation und Selbstheilung im Organismus anregen.

JEDEM ARCHETYP SEIN HEIL- UND WOHLFÜHLPROGRAMM

- Auf den Archetypus abgestimmte Speisen, Tees und Kräuter
- Feine Unterschiede bei den Wickel- und Wasseranwendungen durch die Berücksichtigung von Details in der Konstitution
- Besondere Öle entsprechend den individuellen Bedürfnissen
- Archetypische Massagen, bei denen die relevanten Regionen und Organe mit der effektivsten Methode angesprochen werden
- Wyda, die uralte traditionelle Heilgymnastik, die bereits von den Druiden praktiziert wurde, um gesund zu bleiben bzw. zu werden

www.tem-zentrum.at

Bad Mühllacken

Fasten – bewusste Ernährung – Gewichtsbalance im Sinne der Traditionellen Europäischen Medizin

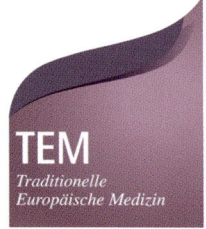

NAHRUNG FÜR MEINE SEELE

Heilsame Nahrung ist das Beste, das man Körper, Geist und Seele geben kann. Verbunden mit einer persönlichen Betreuung, individuellen Anwendungen und dem überlieferten Heilwissen aus der Traditionellen Europäischen Medizin setzt sie neue ungeahnte Kräfte frei.

ESSEN FÜR MEINE GESUNDHEIT

Vom Wohlfühlmenü über Entschlackungskost, vom bekömmlichen Bauch-gut-Essen über Basenfasten bis hin zum Vollfasten mit ständig verfügbaren FastenleiterInnen – unsere langjährige Erfahrung bestätigt uns immer wieder, wie wichtig Fasten und bewusste Ernährung für dauerhafte Gesundheit und Wohlbefinden sind.

HEILSAMES KOCHEN

Hilft, das Wunschgewicht zu erreichen oder die Bauchgesundheit zu erhalten. Jedem kann geholfen werden. Menschen mit chronischen Bauchbeschwerden, Nahrungsmittelunverträglichkeiten oder Allergien können durch bekömmlich zubereitete Speisen ein erfrischend neues Körperbewusstsein erlangen.

BALLAST ABWERFEN IN BAD MÜHLLACKEN

Lauschen Sie dem Rauschen des Baches, entdecken Sie echte Kraftplätze im angrenzenden Naturschutzgebiet Pesenbachtal und die Heilpflanzen unseres Kräutergartens der Traditionellen Europäischen Medizin.

Lassen Sie da, was Sie belastet und kehren Sie erleichtert, motiviert und erholt in den Alltag zurück.

www.badmuehllacken.kneippen.at